EINE KURZE GESCHICHTE DES *menschlichen* KÖRPERS

Bei diesem Buch wurden die durch das verwendete Material und die Produktion entstandenen CO_2-Emissionen ausgeglichen, indem der cbj Verlag ein Projekt zur Aufforstung in Brasilien unterstützt.
Weitere Informationen zu dem Projekt unter:
www.ClimatePartner.com/14044-1912-1001

MIX
Papier | Fördert gute Waldnutzung
FSC® C018179

1. Auflage 2023

Angepasst von Emma Young
Fachberatung: Rosie Sykes

Die Originalausgabe erschien 2023 bei Puffin,
an imprint of Penguin Young Readers Group,
a division of Penguin Random House LLC
Umschlaggestaltung: Geviert, Grafik & Typografie, unter Verwendung der Originalillustration
Aus dem Englischen von Friedrich Pflüger
Lektorat: Silvia Schröer; medizin. Fachberatung: Anne Poestges
TP & AW · Herstellung: BO
Satz: Lorenz+Zeller GmbH, Inning a. A.
Druck: Toppan Leefung Printing Limited, China
ISBN 978-3-570-18127-0
Printed in China

www.cbj-verlag.de

BILL BRYSON

EINE KURZE GESCHICHTE DES *menschlichen* KÖRPERS

Adaptiert von

EMMA YOUNG

Illustriert von

DANIEL LONG & DAWN COOPER & JESÚS SOTÉS & KATIE PONDER

Übersetzt aus dem Englischen von

FRIEDRICH PFLÜGER

cbj

INHALT

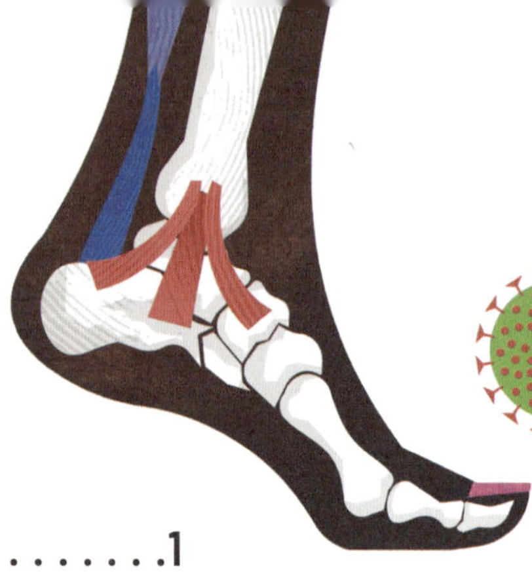
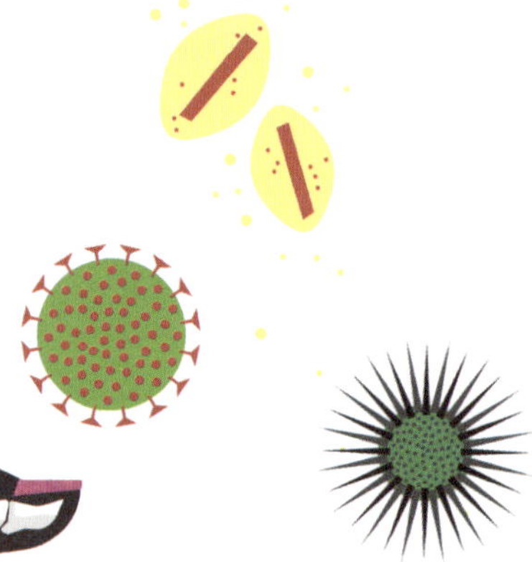

EINFÜHRUNG 1
WIE MAN EINEN KÖRPER BAUT 2
WAS IST EINE ZELLE? 4
DNA 6
ZEUGUNG UND GEBURT 8
GESUCHT: DAS PERFEKTE SKELETT 10
MUSKELN 12
DER OBERSCHENKELKNOCHEN BERÜHRT … 16
HÄNDE UND FÜSSE 18
HAARE 20
HAUT 22
EIN SENSATIONELLER KRIMINALFALL 24
TASTSINN 26
WIMMELNDES LEBEN 28
LEBEN IN DIR 30
DAS GEHIRN 32
TEILE DES GEHIRNS 34
GEHIRNENTWICKLUNG UND -ANPASSUNG 36
MISSTRAUE DEINEM GEHIRN 38
DAS GESICHT 40
SEHEN 42
HELL UND DUNKEL 44
DIE INNERE UHR 46
HÖREN 48
RIECHEN 50
DER MUND 52
ZÄHNE 54
GESCHMACK 56
SCHLUCKEN ODER SABBERN? 58
CHEVALIER JACKSON UND SEINE GESAMMELTEN FREMDKÖRPER 60

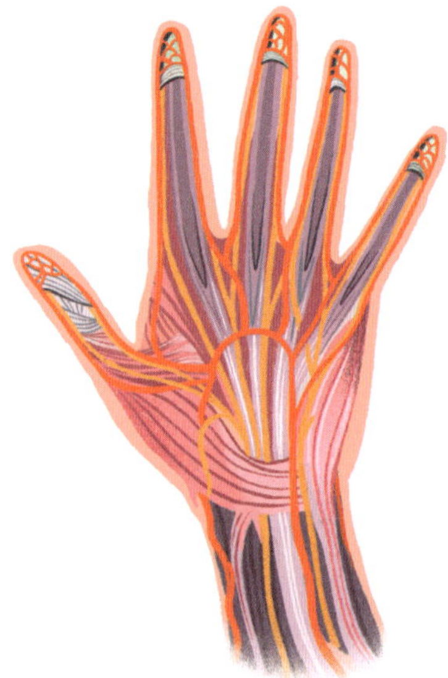

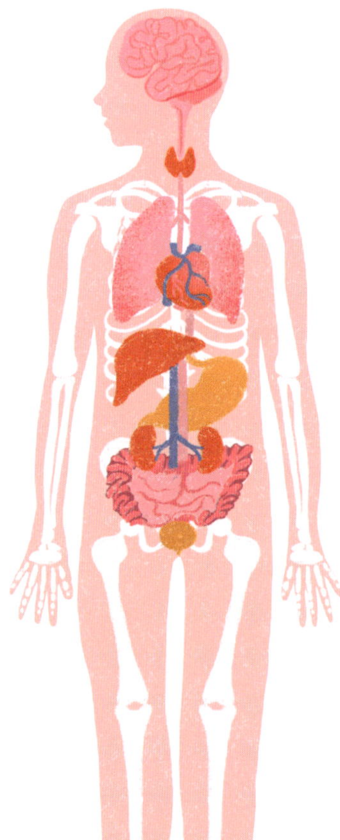
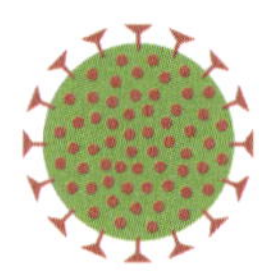

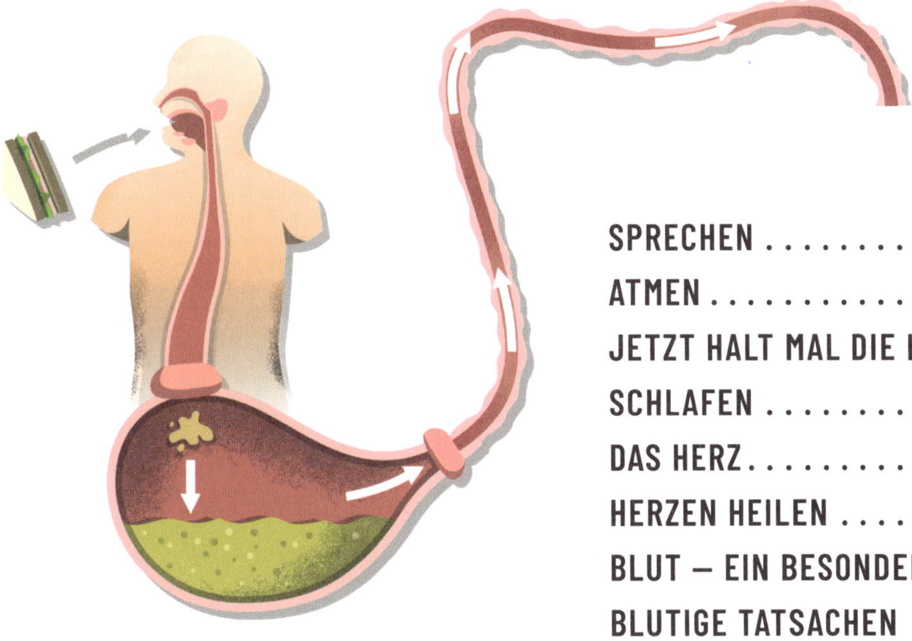

SPRECHEN 62

ATMEN 64

JETZT HALT MAL DIE LUFT AN 66

SCHLAFEN 68

DAS HERZ 70

HERZEN HEILEN 72

BLUT – EIN BESONDERER SAFT......................... 74

BLUTIGE TATSACHEN 76

DIE CHEMISCHE ABTEILUNG 78

PUBERTÄT 80

DIE LEBER 82

BAUCHSPEICHELDRÜSE UND MILZ 84

DIE NIEREN 86

DIE HARNBLASE 88

NAHRUNG.. 90

KALORIEN 92

EIN BERÜHMTER MAGEN 94

DER DARM 96

KACKEN UND FURZEN................................. 98

SCHMERZ 100

DAS IMMUNSYSTEM...................................102

KRANKHEITEN 104

KAMPF GEGEN INFEKTIONEN............................106

HEUTIGE FEINDE 108

ALLERGIEN 110

ALTERN 112

TOD 114

DEM TOD EIN SCHNIPPCHEN SCHLAGEN....................116

JETZT WEISST DU BESCHEID 118

REGISTER..121

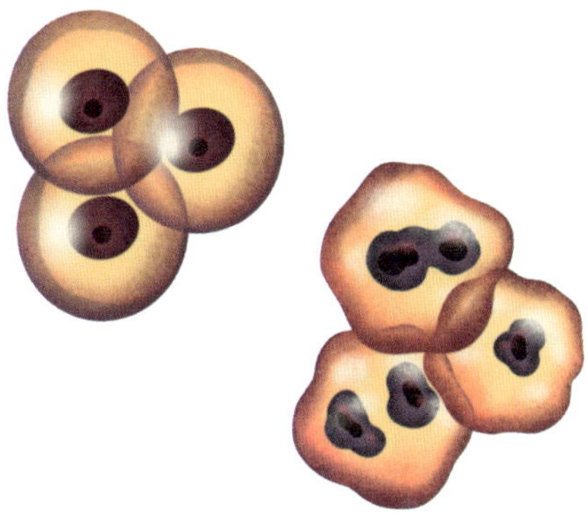

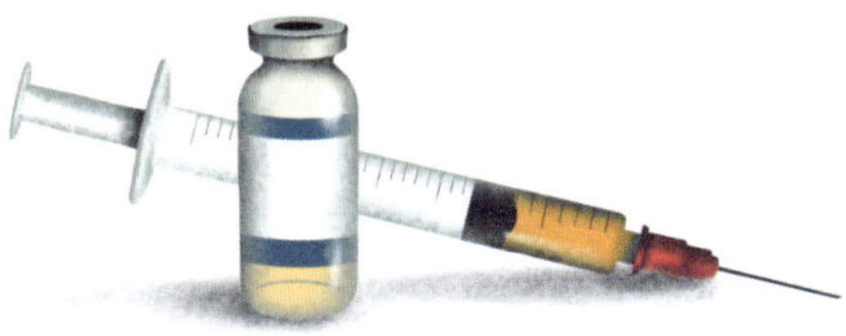

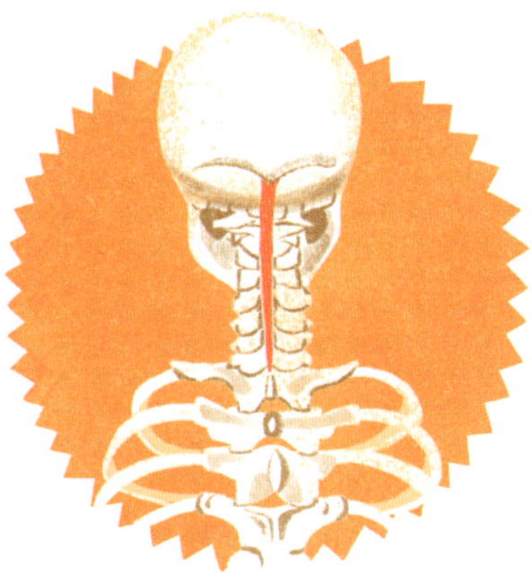

EINFÜHRUNG

Wir betrachten unseren Körper oft als selbstverständlich. Ich wette, du bemerkst deinen nur, wenn er etwas braucht: einen Snack, ein Pflaster oder wenn du aufs Klo musst. Ansonsten kannst du dich auf die wirklich wichtigen Dinge konzentrieren – welches Videospiel du zum Beispiel als Nächstes spielen oder was du im Fernsehen anschauen willst, während dein Körper tut … nun, was er eben so tut.

Aber genau jetzt, während du hier sitzt und das liest, macht dein Körper eine Menge unglaublicher Dinge.

- Deine Milz kämpft gerade gegen eine ganze Armee tödlicher Eindringlinge.
- Deine Augen blinzeln, ohne dass du darüber nachdenken musst. Wie oft am Tag, glaubst du? Fünfhundertmal? Tausendmal? Wie wär's mit vierzehntausendmal! Während du wach bist, sind sie täglich insgesamt 23 Minuten geschlossen – und ich wette, du merkst das nicht einmal.
- Eine schwammige Masse in deinen Knochen produziert haufenweise rote Blutkörperchen. Weißt du, wie viele, seit du angefangen hast, diesen Satz zu lesen? Eine Million. Diese neuen Blutzellen flitzen bereits in dir herum und liefern deinem Körper wertvollen Sauerstoff. Und das tun sie, bis sie ramponiert und wirkungslos sind. Dann lassen sie sich – zu deinem Wohl – von anderen Zellen beseitigen.

Dein Körper ist auf jeden Fall ein faszinierendes Wunderwerk, und ich möchte dir erklären, was ihn so fantastisch macht.

Bill Bryson

In diesem Buch geht es meist um gewöhnliche Körper. Aber natürlich sind unsere Körper unterschiedlich – wir bewegen uns unterschiedlich, haben unterschiedliche Gliedmaßen und lassen uns nicht alle in einfache Geschlechtskategorien einteilen. Wenn ich also einen gewöhnlichen Körper beschreibe, meine ich damit nicht, dass nur ein solcher Körper »normal« ist.

»Gewöhnlich« nenne ich in diesem Buch zum Beispiel auch Dinge wie die »Lebensspanne«. Menschen leben durchschnittlich etwa 73 Jahre. Wenn du also das Wort »Lebensspanne« liest, dann meine ich damit diese Zeitspanne.

WIE MAN EINEN KÖRPER BAUT

Angenommen, du willst einen Körper bauen, ganz von Anfang an. Dann musst du die Zutaten einkaufen. Die Schätzungen variieren, aber 100 Euro müssten knapp dafür reichen.

WICHTIGE ZUTATEN

Kohlenstoff
Sauerstoff
Wasserstoff
Stickstoff
Kalzium
Phosphor

und dazu ein Mix aus weiteren 53 chemischen Elementen wie Zinn, Kupfer und Molybdän (findet man auch in Milch, Käse … und Automotoren).

METHODE

Jetzt wird's knifflig. Auch wenn dir alle klügsten Köpfe der Welt helfen würden, könnten sie keine einzige lebende Zelle bauen, geschweige denn einen Menschen.

Insgesamt braucht man für einen Körper wie deinen sieben Quadrilliarden (also 7 000 000 000 000 000 000 000 000 000) Atome. Die wären zusammengenommen aber nur ein Haufen Dreck. Kommen sie aber auf wunderbare Weise zusammen, um dich zu bilden, entsteht etwas ganz Besonderes – nicht nur ein Körper, sondern **Leben**.

Ein Atom ist der kleinste chemische Baustein. Vielleicht kennst du H_2O, die chemische Formel von Wasser? Zwei Wasserstoffatome + ein Sauerstoffatom = ein Wassermolekül. Ein Viertel aller Atome in deinem Körper ist Sauerstoff. Nur 12 % der Atome sind Kohlenstoff, aber dieser ist für uns als Lebensform entscheidend, weil er die Grundlage vieler wichtiger Moleküle unseres Körpers ist.

WAS IST EINE ZELLE?

Die Zelle ist die Grundeinheit des Lebens. Wir bestehen aus bis zu 100 Billionen Zellen. Das sind hunderttausend Milliarden und damit (natürlich) viel weniger als die Zahl der Atome in unserem Körper – aber immer noch eine Menge!

Aber unsere Zellen sind nicht alle gleich. Ein rotes Blutkörperchen sieht ganz anders aus als eine Zelle in der Milz und wieder ganz anders als eine Hautzelle im Augenlid. Das ist so, weil sie sehr unterschiedliche Aufgaben haben.

Das Herz der Zelle ist der **Zellkern**. Er enthält die **DNA**. (Was DNA genau ist, erkläre ich gleich.)

Außerhalb des Zellkerns gibt es noch andere wichtige Sachen:

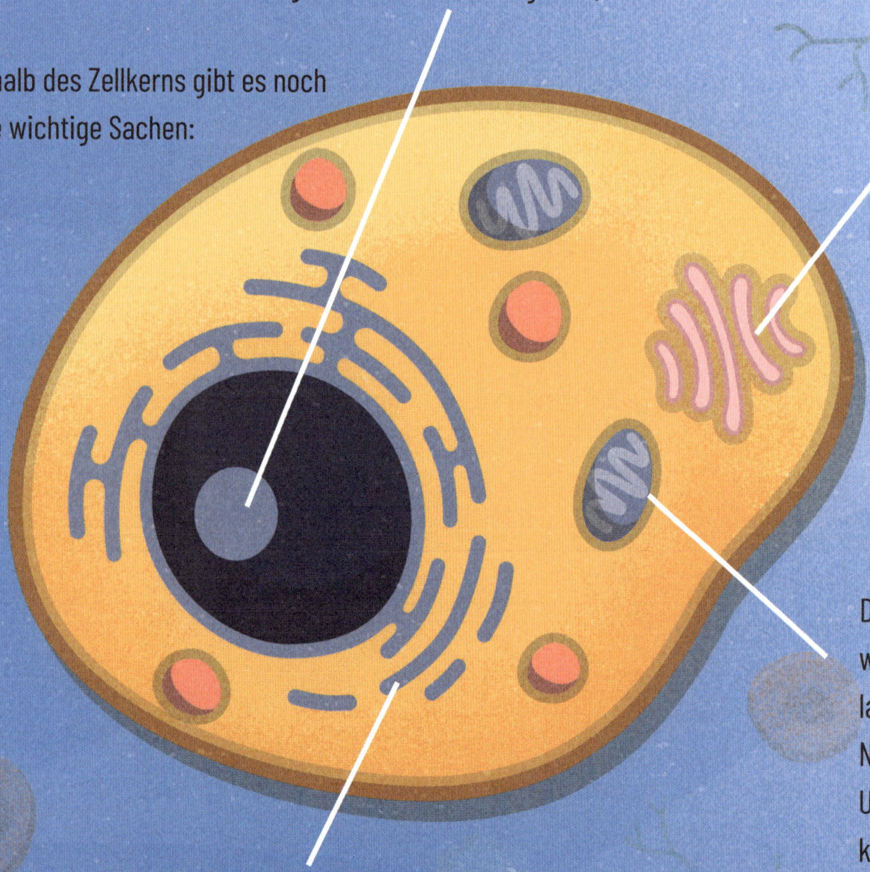

Der **Golgi-Apparat:** Er packt Proteine zusammen und etikettiert sie, damit sie an den richtigen Ort kommen. Man nennt ihn auch das »Postamt der Zelle«.

Die **Mitochondrien:** Sie sind die Kraftwerke der Zelle. Du weißt ja, Autos laufen mit Benzin, Diesel oder Strom. Nun, Treibstoff brauchen wir auch. Unserer heißt Adenosintriphosphat, kurz ATP. Die Mitochondrien sind fast allein dafür zuständig, die Energie unserer Nahrung in ATP umzuwandeln. Ohne diesen Treibstoff würde die Zelle sterben.

Das **endoplasmatische Retikulum:** Es bildet Proteine, die die Zelle braucht, um ihre Aufgaben zu erfüllen.

Noch erstaunlicher ist unsere DNA. Sie ist extrem dünn. Erst 20 Milliarden DNA-Stränge nebeneinander sind so breit wie das dünnste Menschenhaar. Aber wir haben so viele davon – und in so vielen Zellen –, dass alle deine Stränge aneinandergelegt 10 Milliarden Kilometer weit ins Weltall reichen würden, weiter als bis zum Pluto. Denk nur: An dir ist genug dran, um das Sonnensystem zu verlassen. Du bist also gewissermaßen kosmisch!

WAS BRAUCHEN ZELLEN ZUM ÜBERLEBEN?

- **Nahrung** – insbesondere verschiedene Zucker; deren Energie wird in ATP umgewandelt.
- **Sauerstoff** – der wichtig ist für die Umwandlung der Zuckerenergie in ATP.
- **Wasser** – wird gebraucht, um Nährstoffe in die Zelle und in ihrem Innern zu transportieren.

Bei der Umwandlung fallen drei Sorten Abfall an:

- **Kohlendioxid:** Dieses Gas atmen wir aus.
- **Ammoniak:** wird in der Leber umgewandelt und mit dem Urin ausgeschieden.
- **Wasser:** Alles Wasser, das die Zelle nicht braucht, kommt ins Blut und verlässt den Körper zusammen mit Urin, Kot, Schweiß und Atem.

Unsere Zellen sind zwar winzig, aber gemeinsam bilden sie große Organe

Würde man sie ausbreiten, wäre dein Körper riesig.

- Die Fläche deiner Lunge würde einen ganzen Tennisplatz bedecken.
- Alle Atemwege deiner Lunge aneinandergelegt reichen von London bis Moskau.
- Und alle Blutgefäße (Venen, Arterien und Haargefäße) eines Körpers zusammengenommen reichen zweieinhalbmal um die Erde.

DNA

WAS IST DNA?

Die DNA ist deine Bauanleitung. Fast jede Zelle deines Körpers hat zwei Exemplare davon. Schauen wir mal ganz aus der Nähe:

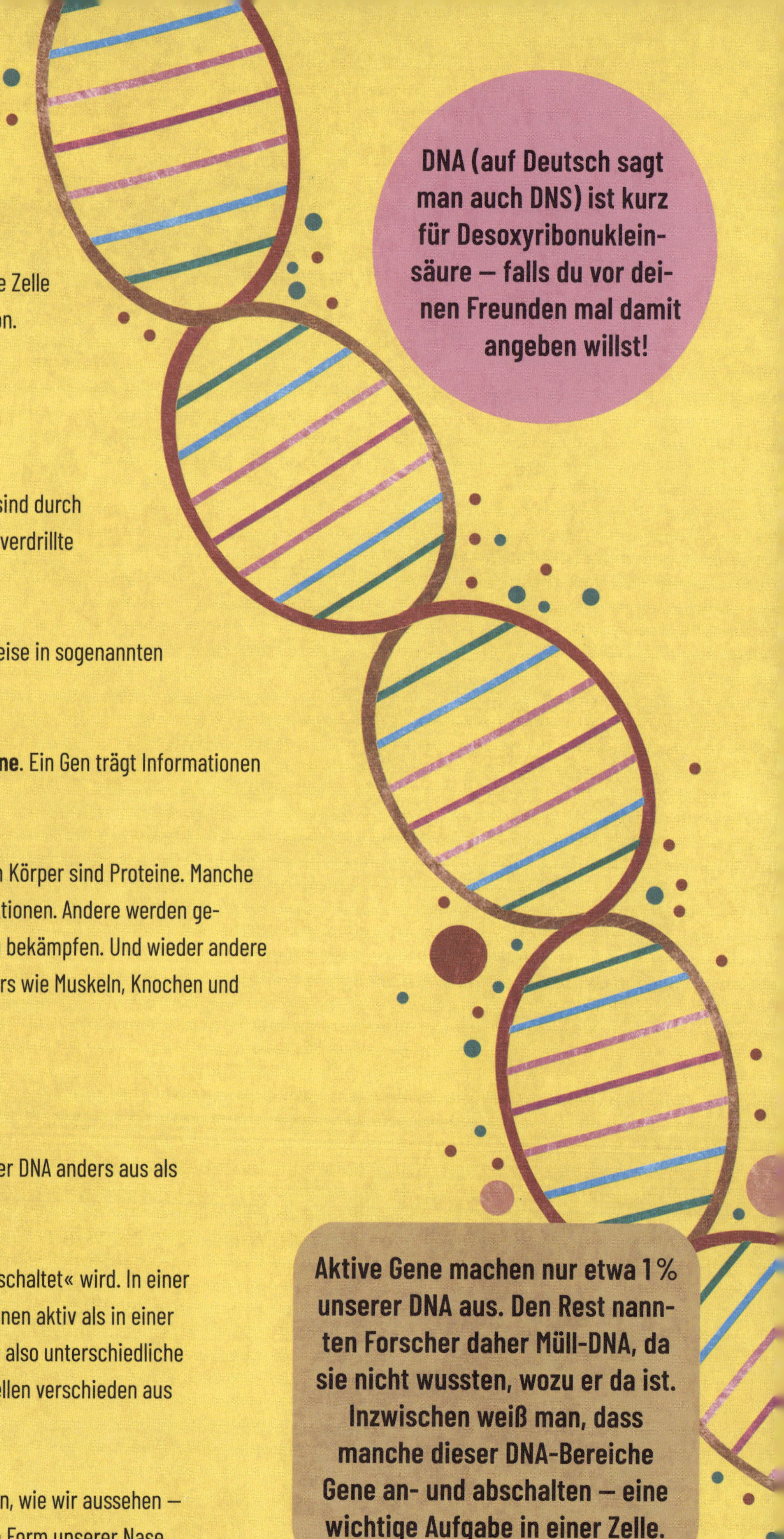

DNA (auf Deutsch sagt man auch DNS) ist kurz für Desoxyribonukleinsäure – falls du vor deinen Freunden mal damit angeben willst!

DIE DOPPELHELIX

Die DNA besteht aus zwei Strängen. Sie sind durch Sprossen verbunden und bilden eine Art verdrillte Leiter: die **Doppelhelix**.

Diese wird im Kern der Zelle päckchenweise in sogenannten **Chromosomen** aufbewahrt.

Die DNA enthält kurze Abschnitte, die **Gene**. Ein Gen trägt Informationen zur Bildung bestimmter **Proteine**.

Die meisten nützlichen Dinge in unserem Körper sind Proteine. Manche beschleunigen wichtige chemische Reaktionen. Andere werden gebraucht, um gefährliche Eindringlinge zu bekämpfen. Und wieder andere bilden praktisch alle Teile unseres Körpers wie Muskeln, Knochen und Gehirnzellen.

UNTERSCHIEDLICHE DNA

Warum sieht eine Leberzelle trotz gleicher DNA anders aus als eine Haarzelle?

Weil nicht jedes Gen in jeder Zelle »angeschaltet« wird. In einer Leberzelle ist eine andere Gruppe von Genen aktiv als in einer Haarzelle. Diese beiden Zelltypen können also unterschiedliche Proteine ausbilden. Deshalb sehen die Zellen verschieden aus und erfüllen verschiedene Aufgaben.

Nur sehr wenige unserer Gene bestimmen, wie wir aussehen – unsere Augenfarbe zum Beispiel oder die Form unserer Nase.

Aktive Gene machen nur etwa 1 % unserer DNA aus. Den Rest nannten Forscher daher Müll-DNA, da sie nicht wussten, wozu er da ist. Inzwischen weiß man, dass manche dieser DNA-Bereiche Gene an- und abschalten – eine wichtige Aufgabe in einer Zelle.

Deine DNA ist einzigartig. (Es sei denn, du hast einen eineiigen Zwilling. Oder dich hat ein böses Superhirn geklont.)

Trotzdem sind 99,9 % der DNA aller Menschen gleich; wir sind also alle fast identisch. Deine und meine DNA unterscheiden sich dennoch an drei bis vier Millionen Stellen. Angesichts unserer gewaltigen Menge an DNA ist das erstaunlich wenig, aber es genügt, große Unterschiede zwischen uns zu bewirken.

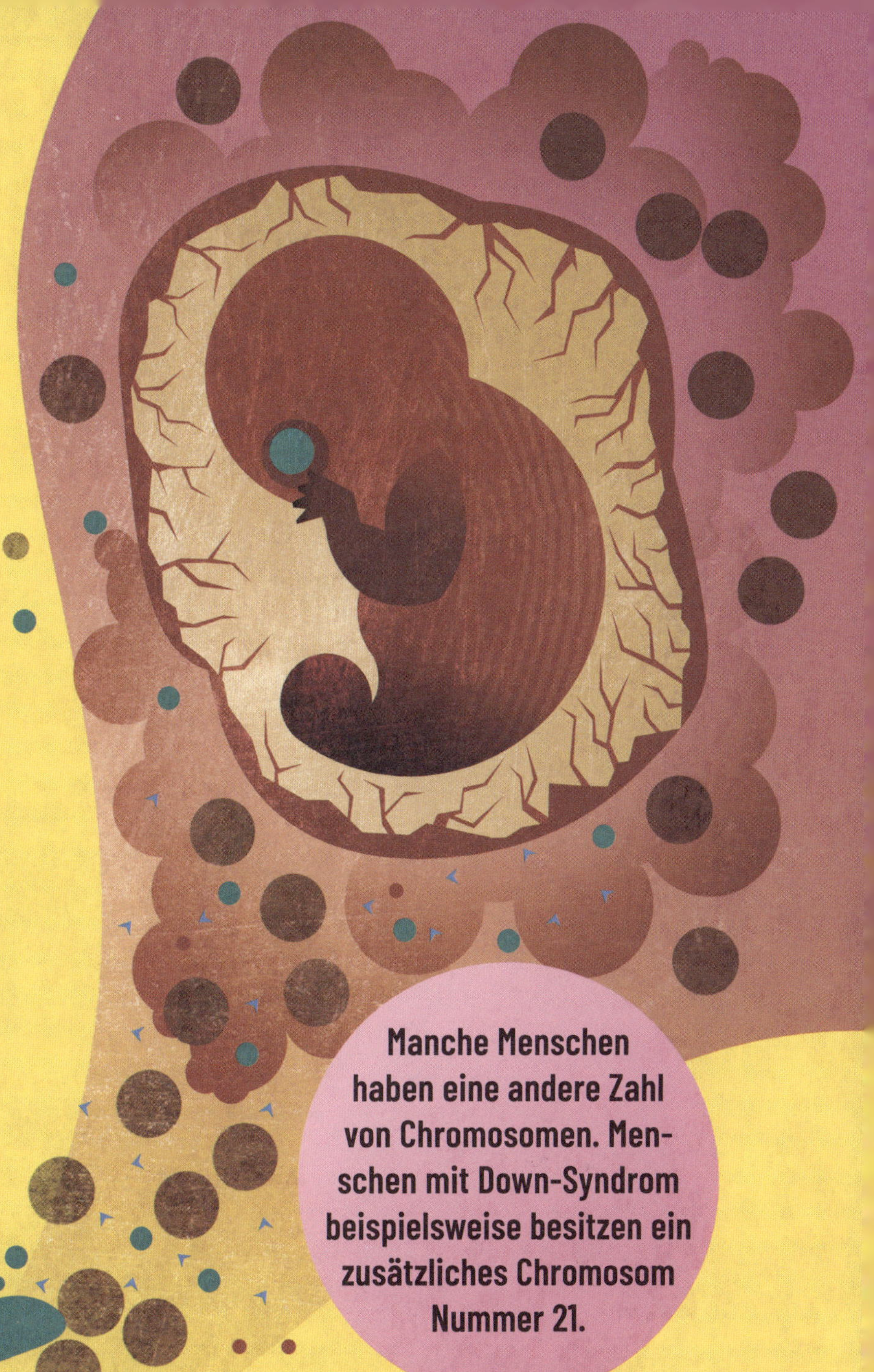

WOHER KOMMT DEINE DNA?

Fast alle deiner Zellen enthalten 23 Chromosomenpaare. Eins stammt von deiner biologischen Mutter, das andere von deinem biologischen Vater. Deine DNA ist also eine Mischung aus der DNA deiner Eltern. Du besitzt allerdings auch etwa hundert persönliche genetische **Mutationen**. Das sind DNA-Abschnitte, die nicht ganz genau denen deiner Eltern entsprechen – sie sind also etwas ganz Eigenes.

Manche Menschen haben eine andere Zahl von Chromosomen. Menschen mit Down-Syndrom beispielsweise besitzen ein zusätzliches Chromosom Nummer 21.

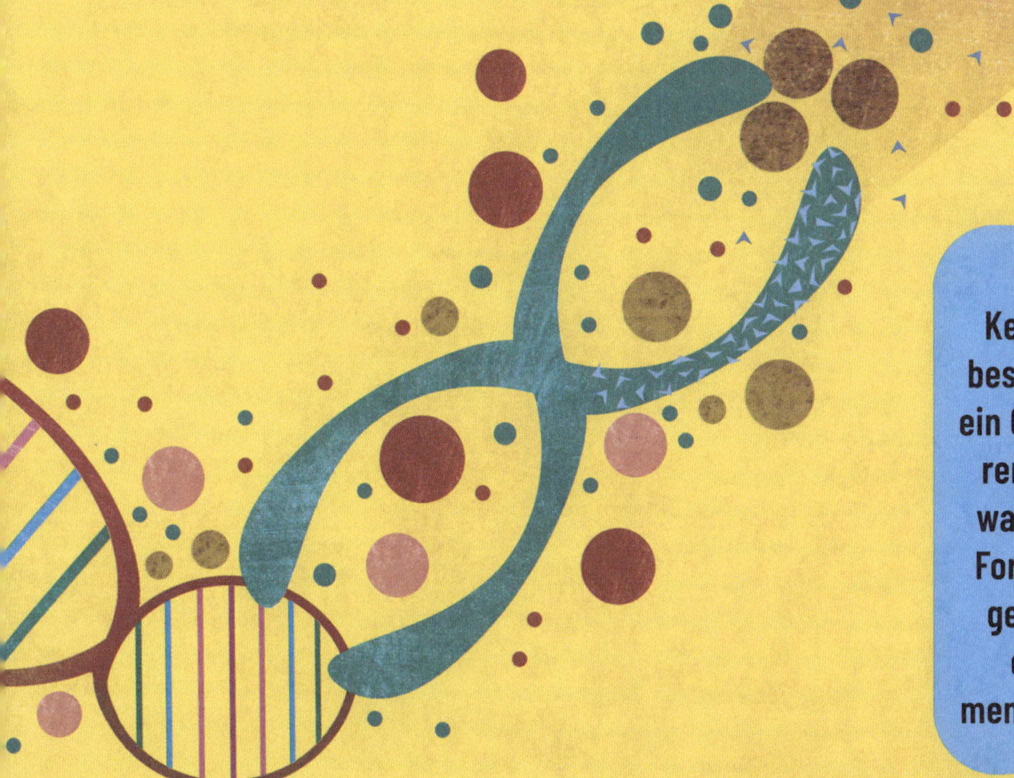

Die DNA ist äußerst stabil. Keines der Dinge, die du heute besitzt – Kleidung, Spiele, selbst ein Computer –, wird in 1000 Jahren noch existieren; deine DNA wahrscheinlich schon. So ist es Forschenden kürzlich gelungen, genetische Informationen aus einem 800 000 Jahre alten menschlichen Fossil zu gewinnen.

ZEUGUNG UND GEBURT

WIE GENAU WURDE DEINE DNA-BAUANLEITUNG GESCHRIEBEN?

Damit ein Mensch entsteht, braucht man die Samenzelle eines Mannes und die Eizelle einer Frau. Während der fruchtbaren Jahre der Frau verlässt etwa einmal im Monat ein Ei den Eierstock. Es wandert in den Eileiter.

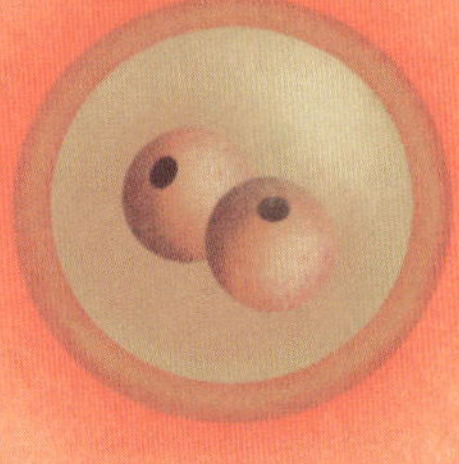

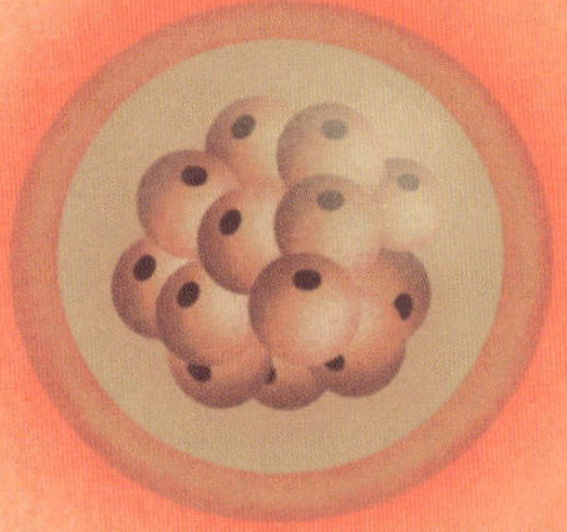

Die Zygote entwickelt sich zu einer hohlen Zellkugel, die sich in die Wand der Gebärmutter einnistet. Dort wird sie zum **Embryo**.

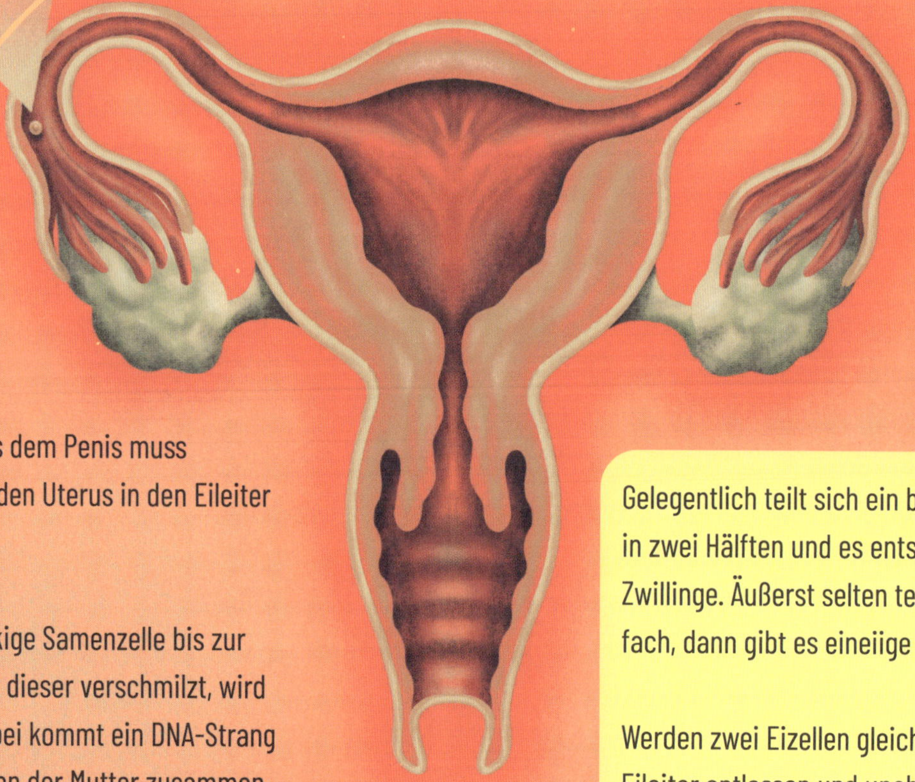

Nach dem Ausstoß aus dem Penis muss die Samenzelle durch den Uterus in den Eileiter hinaufschwimmen.

Wenn es eine hartnäckige Samenzelle bis zur Eizelle schafft und mit dieser verschmilzt, wird das Ei **befruchtet**. Dabei kommt ein DNA-Strang vom Vater und einer von der Mutter zusammen und es bildet sich eine neue Zelle, die **Zygote**. Das ist der Beginn von neuem Leben.

Gelegentlich teilt sich ein befruchtetes Ei in zwei Hälften und es entstehen eineiige Zwillinge. Äußerst selten teilt es sich dreifach, dann gibt es eineiige Drillinge.

Werden zwei Eizellen gleichzeitig in den Eileiter entlassen und unabhängig voneinander von Samenzellen befruchtet, entstehen zweieiige Zwillinge. Ihre DNA ist genauso verschieden wie bei gewöhnlichen Geschwistern.

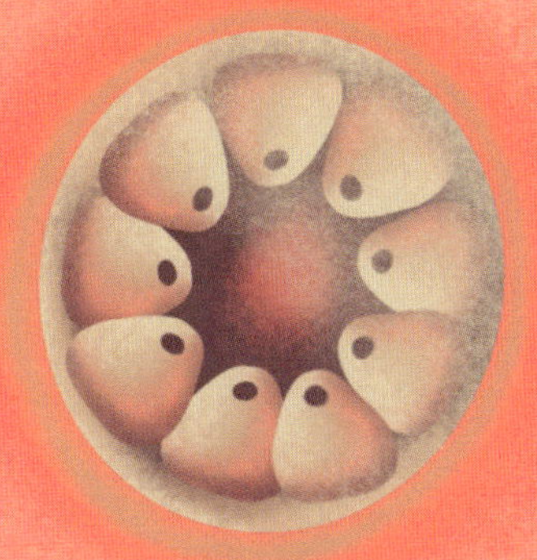

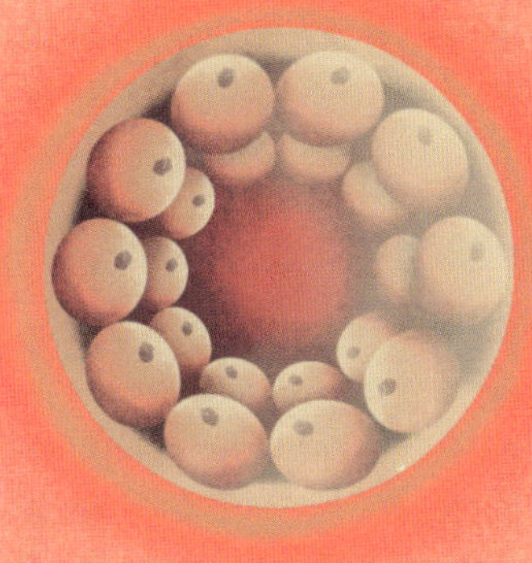

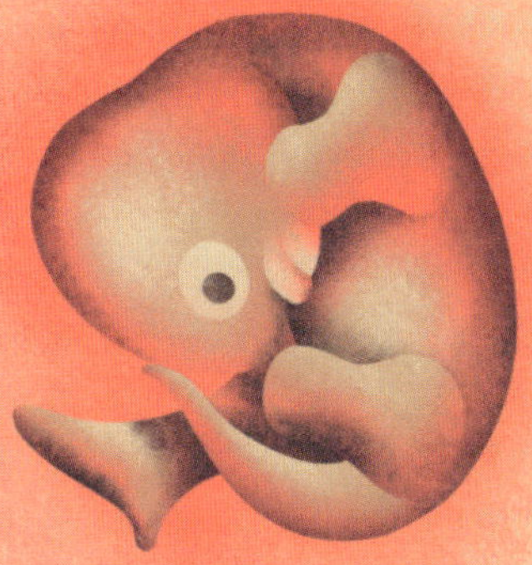

Nach drei Wochen schlägt das Herz des Embryos.

Nach acht Wochen wird der Embryo zum **Fötus**.

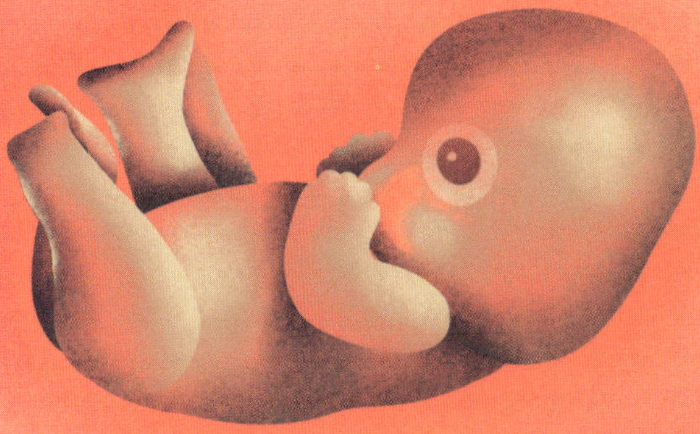

Nach 102 Tagen kann der Fötus mit den Augen blinzeln. Nach 280 Tagen Schwangerschaft – also nach etwa neun Monaten – ist das Baby voll entwickelt.

Ein neues Organ, die Plazenta, bildet sich. Sie versorgt den Embryo mit allem, was er braucht, wie Sauerstoff und Nährstoffe.

Jährlich werden etwa eine halbe Million Kinder nach einer künstlichen Befruchtung geboren. Dabei werden Ei- und Samenzellen im Labor zusammengebracht, um einen Embryo zu erzeugen. So kann man Menschen helfen, die auf natürliche Weise kein Kind bekommen können.

GESUCHT: DAS PERFEKTE SKELETT

ES MUSS:

- Verhindern, dass eine Person zusammensackt! Es muss also starr sein – aber auch biegsam, damit man sich bücken und drehen kann.
- Weiche Innereien schützen!
- Extrem flexibel sein! Die Knie müssen beim Stehen einrasten, aber beim Sitzen und Knien bis zu 140 Grad klappbar sein.
- Rennen, Springen, Schwimmen, Klettern und Seitwärtshüpfen muss möglich sein, während die Arme wie bei einem wild gewordenen Roboter schlenkern.

ES MUSS AUSSERDEM:

- Blutzellen bilden (das tut es mit Hilfe des Knochenmarks, das sich an vielen verschiedenen Stellen in den Knochen befindet), chemische Substanzen speichern und Schall übertragen.

Das alles kann dein Skelett, jeden Tag ... jahrzehntelang.

Gewöhnlich sagt man, wir hätten 206 Knochen, aber die Anzahl kann ein wenig abweichen. Etwa jeder Achte hat beispielsweise ein zusätzliches dreizehntes Paar Rippen.

Die Knochen sind im Körper alles andere als gleichmäßig verteilt. Hände und Füße machen allein die Hälfte aller Knochen aus. In den Füßen allein stecken 52 Knochen – mehr als **doppelt** so viele wie in der Wirbelsäule. Dafür gibt es keinen besonderen Grund – es hat sich in der Evolution einfach so ergeben ...

ES LEBT!

Wir stellen uns unsere Knochen oft als lebloses Gerüst vor, aber auch sie sind lebendes Gewebe. Knochen bestehen teils aus Proteinen (vor allem aus **Kollagen**) und Mineralien wie Kalzium.

Genau wie Muskeln wachsen auch Knochen, wenn man sie benutzt und trainiert. Sie sind dabei das einzige Körpergewebe, das nach einer Verletzung nicht vernarbt. *Und:* Knochen wächst nach. Man könnte bis zu 30 cm aus einem Beinknochen entnehmen und die Lücke würde sich schließen, wenn man mit einem äußeren Gerüst für Halt sorgt und eine Art Leiste für den Knochen legt. Das mit einem Muskel zu versuchen, kannst du vergessen.

Gemessen an Gewicht ist Knochen stärker als Stahl. Wegen seiner geringeren Dichte – weniger Material pro Volumen – bricht er allerdings leichter. Die Knochen eines Erwachsenen wiegen lediglich 9 kg, halten aber einer Tonne Druck stand – das ist vergleichbar mit dem Gewicht einer großen Giraffe, die auf einem Motorradreifen steht.

Die Stelle, an der sich zwei oder mehr Knochen treffen und bewegen lassen, heißt Gelenk.

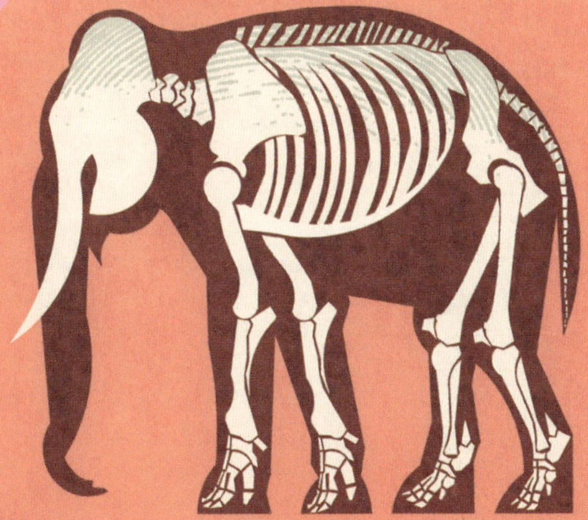

Je größer ein Tier, desto kräftiger müssen seine Knochen sein. Bei einem Elefanten machen die Knochen 13% des Gewichts aus, bei einer winzigen Spitzmaus dagegen nur 4 %. Bei Menschen sind es 8,5 %.

MUSKELN

WARNUNG: Wer empfindlich ist, sollte sich beim Lesen jetzt lieber hinsetzen.

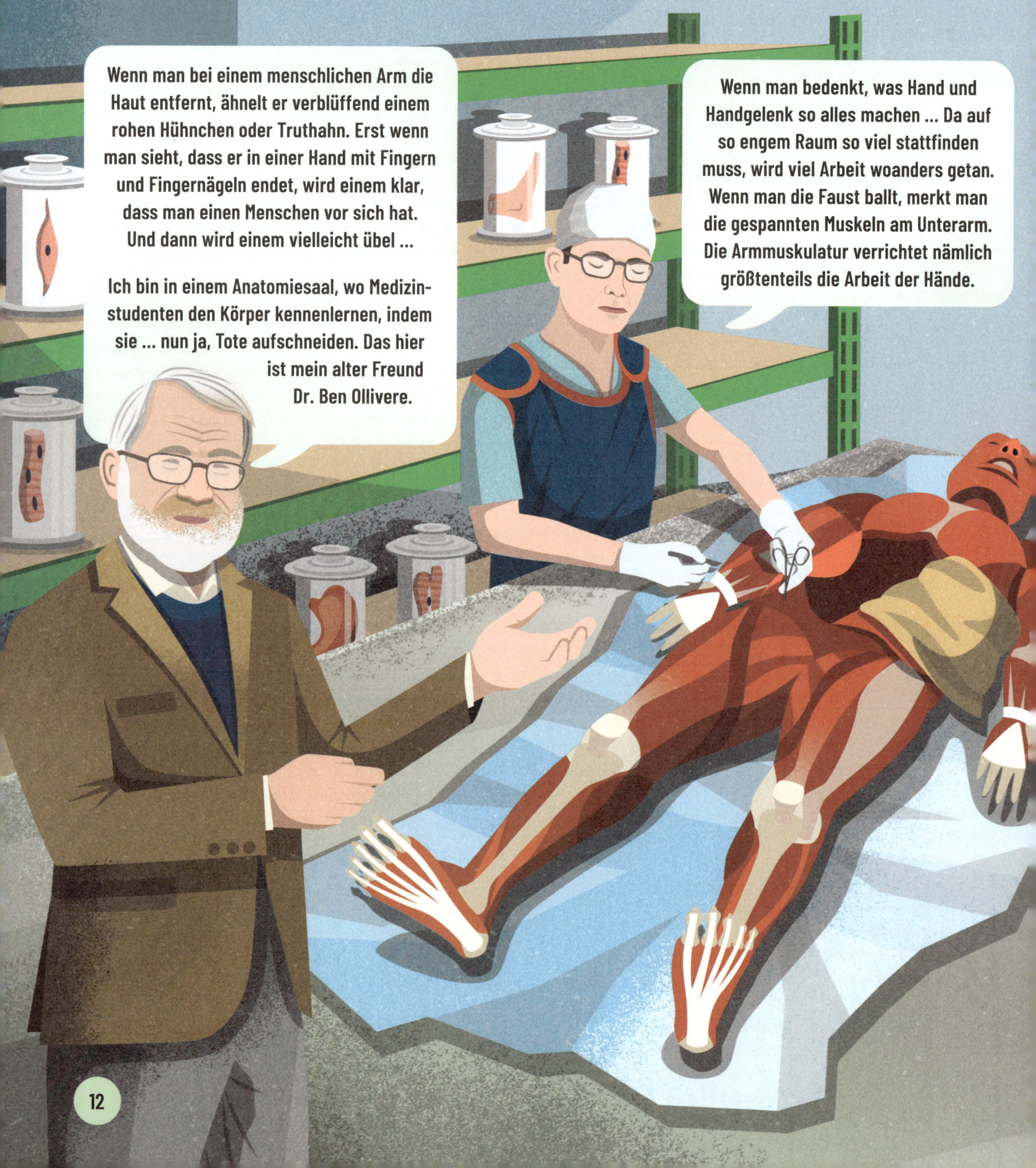

Ob du groß bist oder klein, fast ein Drittel von dir sind Muskeln. Jeder von uns hat mehr als 600 davon, von der Kopfhaut bis hinunter zu den Zehen. Und ohne gewürdigt zu werden, sind sie uns ständig auf vielfältige Weise zu Diensten:

- Sie bewegen die Nahrung im Magen und helfen, diese zu verdauen.
- Sie spitzen unsere Lippen, wenn wir Oma einen Kuss geben.
- Sie bewegen unsere Lungen, damit wir atmen können (okay, das ist ein bisschen wichtiger, als Oma zu küssen!).

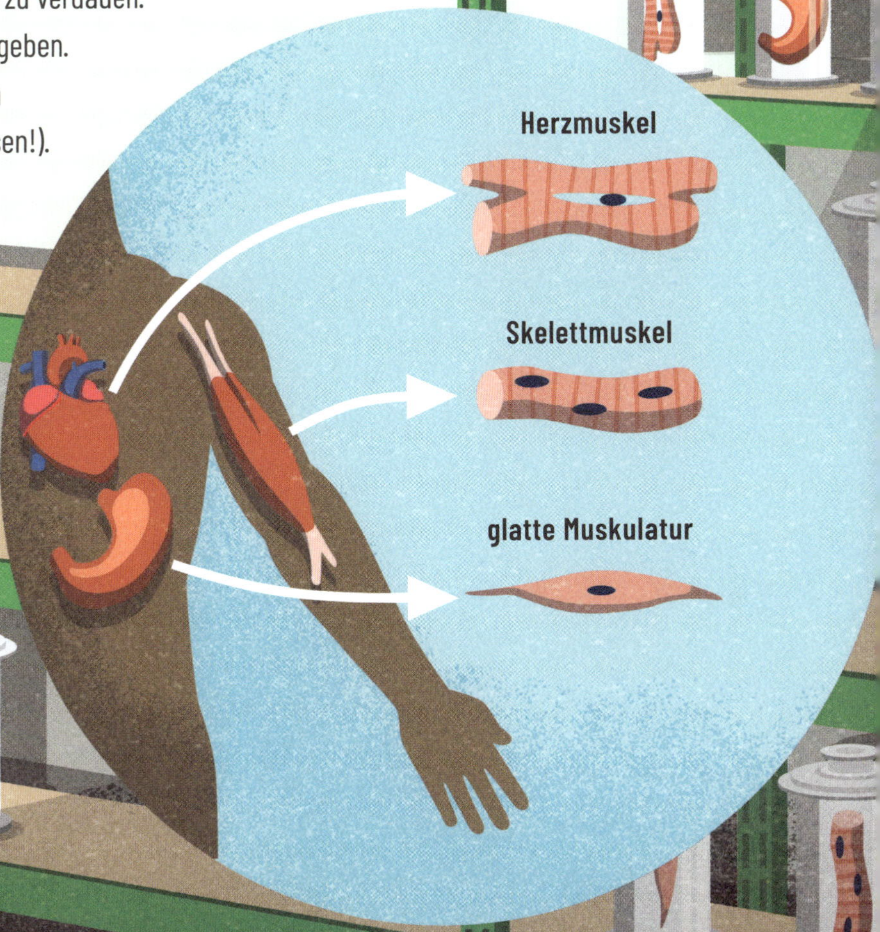

Wir besitzen drei wichtige Muskeltypen: Die **Herzmuskulatur**, die glatte oder **viszerale Muskulatur**, die man im Magen, Darm und anderen Organen findet, und die **gestreifte Skelettmuskulatur**, die unsere Knochen umgibt.

Nur die Skelettmuskeln können wir bewusst steuern – beim Herzschlag geht das nicht. Wir können aber willentlich Arme und Beine bewegen.

- Allein zum Aufstehen braucht man 100 Muskeln.
- Zwölf Muskeln sind nötig, um die Augen beim Lesen über diese Wörter zu bewegen.
- Das Zucken des Daumens auf einem Spielecontroller erfordert bis zu zehn verschiedene Muskeln.

Muskeln bestehen alle aus dem gleichen Material, aus Tausenden von dehnbaren, dicht gebündelten Fasern. Aber sie haben alle unterschiedliche Aufgaben:

- **Beuger** winkeln Gelenke an – wenn du z. B. die Knie beugst.
- **Schließmuskeln** verschließen etwas. Der am Mageneingang verhindert, dass dessen Inhalt wieder oben herauskommt. (Und ja: Er öffnet sich, wenn du erbrechen musst.)
- **Streckmuskeln** strecken Gelenke – wenn du zum Beispiel den Arm ausstreckst.

WAS, GLAUBST DU, SIND DIE GRÖSSTEN MUSKELN IN DEINEM KÖRPER?

Wenn du deine Gesäßmuskeln genannt hast, dann hast du recht. Deine Pobacken sind zwei große Muskeln mit der äußerst wichtigen Aufgabe, dir beim Aufrechtstehen und Treppensteigen zu helfen. Außerdem polstern sie deine Sitzfläche bei langen Schulversammlungen.

Was passiert, wenn du dir einen Muskel zerrst? Ein gezerrter Muskel ist steif oder schmerzt, weil einige seiner dehnbaren Fasern gerissen sind.

- **Hebemuskeln** heben Körperteile an – wenn du beispielsweise das Auge öffnest und sich dein Lid hebt.

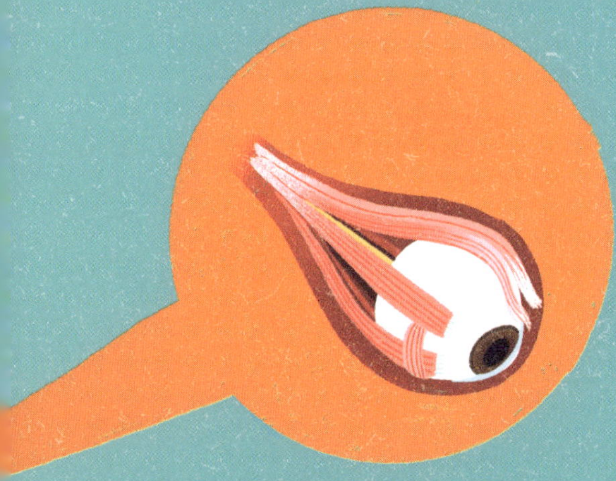

- **Senkermuskeln** ziehen Teile deines Körpers nach unten – zum Beispiel die Mundwinkel.

Heute lernen Ärzte an freiwillig gespendeten Leichen. Das war nicht immer so. Im 19. Jahrhundert übten Medizinstudenten an den Leichen Hingerichteter. Da es davon nicht genug gab, holten Grabräuber heimlich Leichen aus frischen Gräbern und verkauften sie weiter!

DER OBERSCHENKEL-KNOCHEN BERÜHRT …

Knochen und Muskeln sind ohne Zweifel wichtige Bestandteile des Körpers. Aber sie müssen zusammengehalten werden. Sonst würden sie nur nutzlos herumbaumeln.

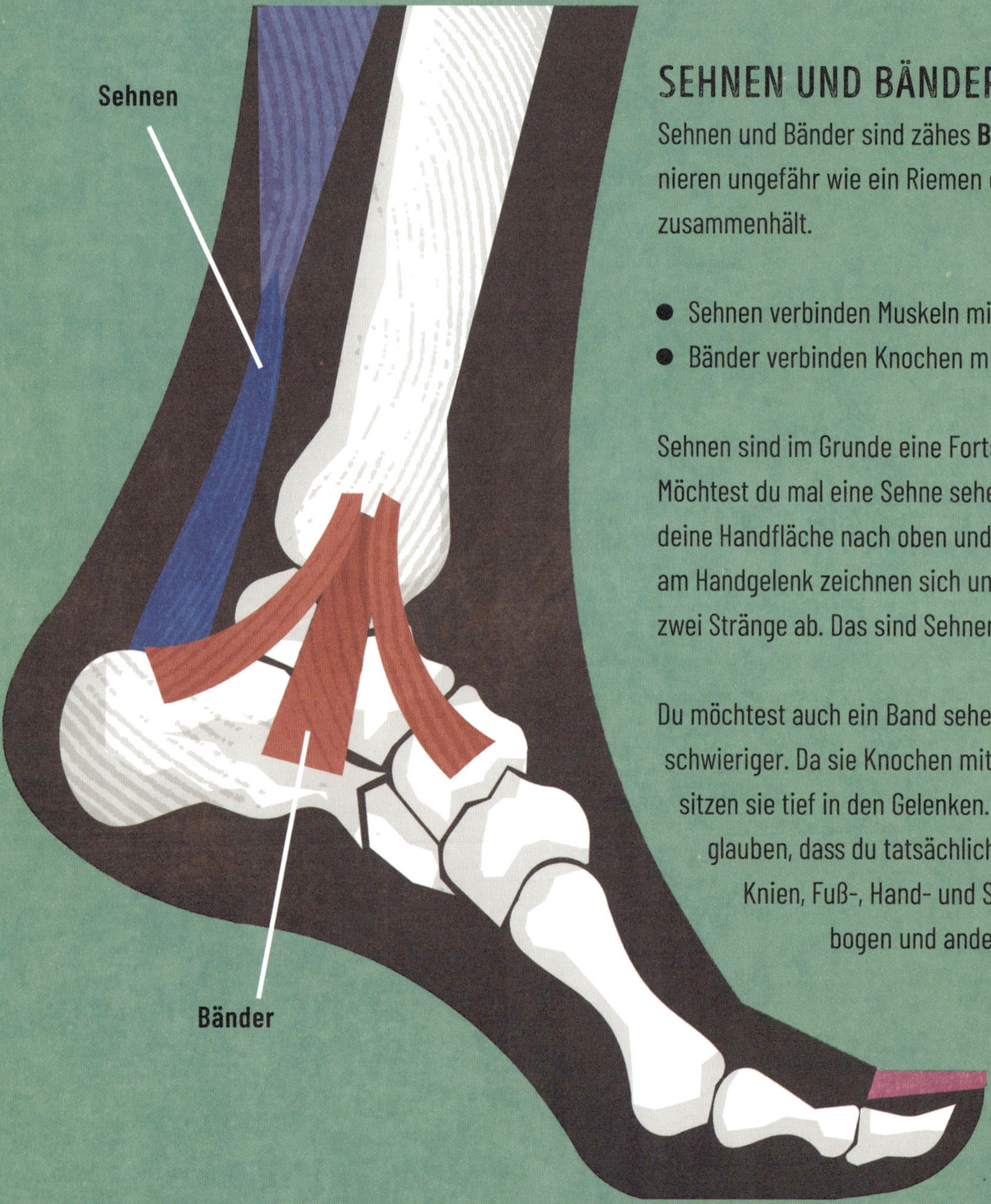

SEHNEN UND BÄNDER

Sehnen und Bänder sind zähes **Bindegewebe**. Sie funktionieren ungefähr wie ein Riemen oder ein Seil, das etwas zusammenhält.

- Sehnen verbinden Muskeln mit Knochen.
- Bänder verbinden Knochen mit Knochen.

Sehnen sind im Grunde eine Fortsetzung deiner Muskeln. Möchtest du mal eine Sehne sehen? Ganz leicht: Drehe deine Handfläche nach oben und mache eine Faust. Innen am Handgelenk zeichnen sich unter der Haut einer oder zwei Stränge ab. Das sind Sehnen.

Du möchtest auch ein Band sehen? Das ist ein *bisschen* schwieriger. Da sie Knochen miteinander verbinden, sitzen sie tief in den Gelenken. Du musst mir einfach glauben, dass du tatsächlich Bänder hast – in den Knien, Fuß-, Hand- und Schultergelenken, Ellenbogen und anderen Gelenken.

Sehnen sind sehr stark. Sie reißen nur unter hoher Last. Leider werden sie nur schlecht durchblutet und heilen daher nur langsam, wenn sie verletzt werden. Trotzdem ist in ihnen mehr Blut als z. B. in Knorpel. Der hat gar keine Blutversorgung und heilt daher noch langsamer als Sehnen.

KNOPRPEL

Knorpel ist etwas Besonderes. Er ist viel glatter als Eis, aber kein bisschen spröde – selbst unter Druck bricht er kaum einmal. Er lebt und ernährt sich aus Gelenkflüssigkeit.

Knorpel gab es schon lange, bevor die Tiere Knochen entwickelten. Haie gibt es viele Millionen Jahre länger als uns, und ihr Skelett besteht fast ganz aus Knorpel. Knorpel ist viel biegsamer und leichter als Knochen – aber nicht so fest.

Dein Skelett besteht zwar hauptsächlich aus Knochen, aber du besitzt auch Knorpel – zum Beispiel:

- In deiner Ohrmuschel. Los, taste mal: Alles Harte ist Knorpel.
- In deiner Nase. Ihre Spitze ist Knorpel.
- In den Wänden deiner Luftröhre (auch **Trachea** genannt). Wenn du sanft mit dem Finger vorne über deinen Hals streichst, kannst du sie in der Mitte spüren.
- An den Enden deiner Knochen, in den Gelenken.

Die Knorpel in deinen Gelenken sorgen dafür, dass deine Knochen aneinander entlanggleiten, ohne zu reiben (was rasch zu Schäden führen würde). Könnte man auf Knorpel Schlittschuhlaufen, wäre man 16 Mal schneller als auf Eis. Den besten Wissenschaftlern und Ingenieuren ist es nicht gelungen, ein Material mit denselben Eigenschaften wie Knorpel herzustellen.

HÄNDE UND FÜSSE

Alles, was du auf den vorigen Seiten über Muskeln, Knochen, Sehnen usw. gelernt hast, arbeitet in deinen Händen und Füßen auf wunderbare Weise zusammen.

SIEH DIR DEINE HAND EINMAL GENAU AN.
Jede besteht aus

- 29 Knochen
- 17 Muskeln (plus 18 weitere, die vom Unterarm aus die Hand bewegen)
- 123 Bändern
- 2 Hauptarterien (die frisches Blut vom Herzen liefern)
- 3 Hauptnerven plus 45 anderen Nerven (die Signale vom und zum Gehirn transportieren)

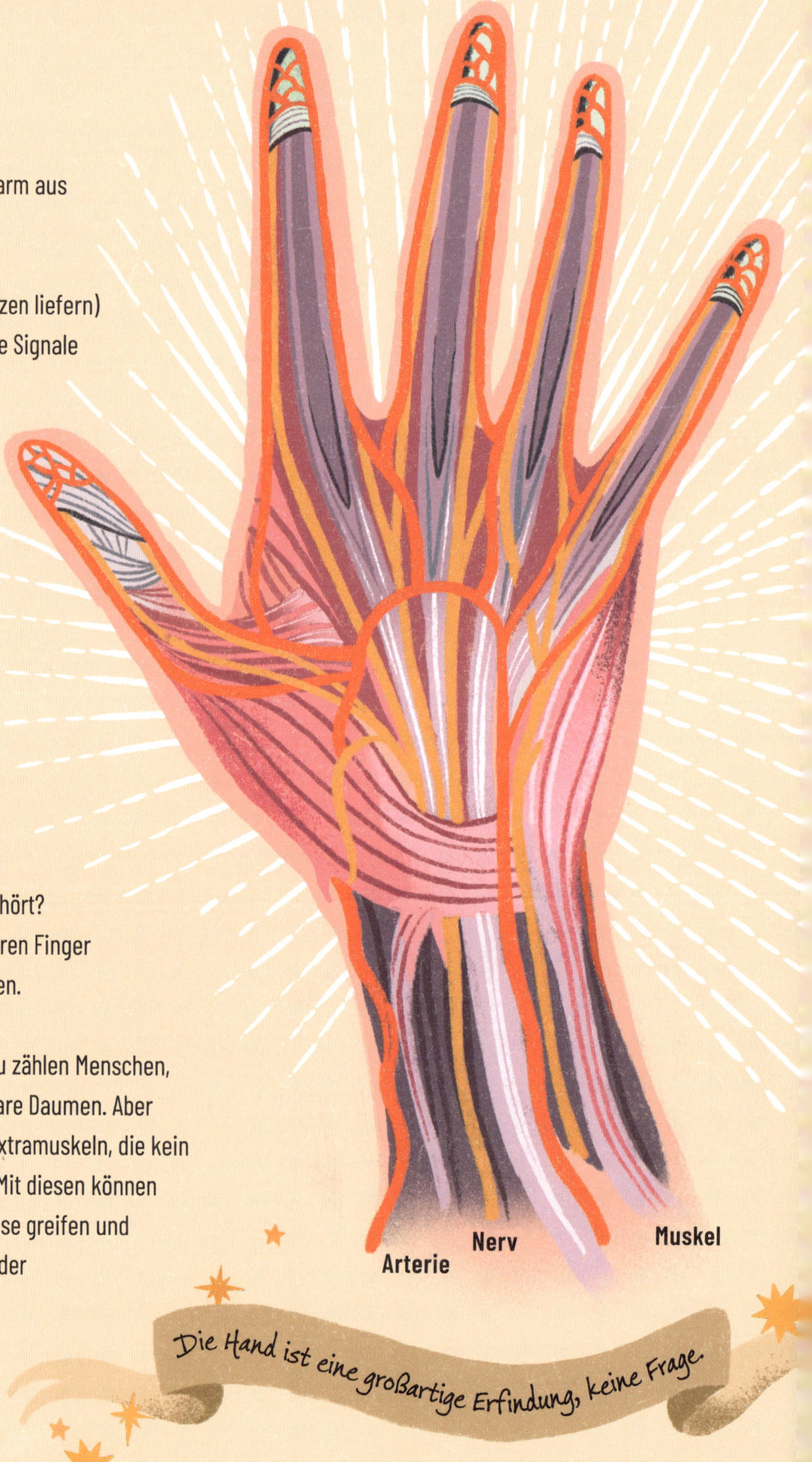

Einer der Nerven, die in die Hand führen, ist der Ellennerv. Den spürst du, wenn du dir den Musikknochen stößt. Offenbar hatte da jemand eine seltsame Vorstellung von Musik.

Hast du schon von opponierbaren Daumen gehört? Du hast welche. Du kannst mit ihnen die anderen Finger der Hand berühren – und du kannst gut greifen.

Tatsächlich haben die meisten Primaten (dazu zählen Menschen, Schimpansen, Affen und Lemuren) opponierbare Daumen. Aber unsere sind besser. Wir besitzen drei kleine Extramuskeln, die kein anderes Tier hat, nicht einmal Schimpansen. Mit diesen können wir Werkzeuge besonders feinfühlig und präzise greifen und verwenden. Wenn du ein schönes Bild malst oder etwas Tolles mit Lego baust, profitierst du von diesen besonderen Muskeln.

GEHEN UND LAUFEN

In deinem Leben wirst du etwa *200 Millionen* Schritte gehen. Bei jedem dieser Schritte wirken deine Füße als:

- Stoßfänger, damit dein Körper nicht immer durchgerüttelt wird, wenn du den Fuß aufsetzt.
- Plattformen, damit du nicht umkippst – und zwar winzige Plattformen, verglichen mit der Größe deines restlichen Körpers.
- Abstoßer (sonst kämst du nirgendwohin).

Aber wir gehen nicht nur. Wir laufen auch. Wir Menschen profitieren von einem Band oben am Genick, das nicht einmal Menschenaffen oder Schimpansen haben. Dieses **Nackenband** hat nur eine Aufgabe: den Kopf beim Rennen ruhig zu halten.

Es stimmt, wir sind nicht die Schnellsten. Sprinter laufen höchstens 36 km pro Stunde, und das nur für ganz kurze Zeit. Aber große Tiere können am Stück kaum mehr als 15 km weit laufen, Menschen dagegen schon. Ein Sportler würde eine Antilope oder ein Gnu an einem heißen Tag in lockerem Trab auf Dauer mit Leichtigkeit abhängen.

Haben wir nun acht Finger? Oder doch zehn, die Daumen eingerechnet? Selbst Ärzte sind sich nicht einig, ob die Daumen als Finger zählen – du kannst es dir also aussuchen.

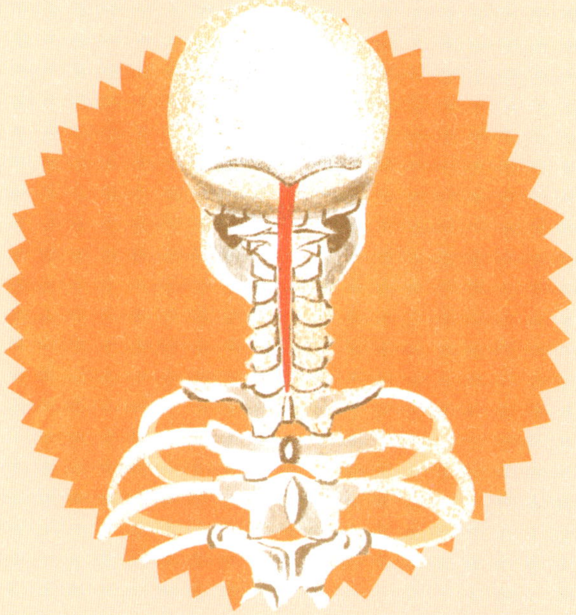

Auf diesen Seiten geht es um gewöhnliche Körper. Viele Menschen bewegen ihre Körper auch auf andere Weise.

HAARE

HAARE. ÜBERALL HAARE

Du bist behaart. Sehr behaart. Ja, du! Genauso behaart wie deine Verwandten, die Menschenaffen. Nur ist unser Haar viel blasser und feiner. Wenigstens an den meisten Stellen.

Die Haare auf dem Kopf sind aber anders, oder?

Es gibt gute Gründe, warum wir dichtes Haar auf dem Kopf entwickelt haben:

- Bei Kälte isoliert es, sodass wir weniger Wärme über den Kopf verlieren.
- Bei Hitze reflektiert es das Sonnenlicht und verhindert, dass der Kopf zu heiß wird.

KÖRPERBEHAARUNG

Auch andere Teile unseres Körpers sind behaart; allerdings haben wir dort weniger und dünnere Haare. Um unsere Behaarung zu verstehen, müssen wir andere Säugetiere wie Ratten, Ziegen, Kaninchen und Löwen betrachten – denn nur Säugetiere haben Haare.

Haare wachsen bei Säugetieren und Menschen aus **Haarfollikeln** – winzigen Hautöffnungen. Friert ein Säugetier, dann stellt es die Haare auf. Dies nennt man **Horripilation**. Für pelzige Tiere wie Ratten oder Kaninchen ist das sehr praktisch, denn das gesträubte Fell schließt über der Haut viel mehr Luft ein und hält das Tier warm. Wir Menschen bekommen stattdessen eine »Gänsehaut« – und die nützt uns rein gar nichts.

FURCHT EINFLÖSSEND

Gesträubtes Haar kann ein Tier auch größer erscheinen lassen. Das kann helfen, wenn ein anderes Tier angreifen oder es fressen will, denn größer bedeutet furchterregender. Als Säugetiere sträuben auch wir Menschen die Haare, wenn wir uns fürchten. Da Haare bei uns aber vergleichsweise wenig hermachen, ist die Wirkung sehr überschaubar.

WACHSTUMSZYKLEN

Jedes Haar durchläuft einen Wachstumszyklus mit einer Wachstums- und einer Ruhephase. Nach einiger Zeit stirbt das Haar dann ab und fällt aus.

- Ein Haar am Bein lebt etwa zwei Monate.
- Ein Haar in der Achselhöhle lebt etwa sechs Monate.
- Ein Haar auf dem Kopf kann uns sechs oder sieben Jahre erhalten bleiben.

Haare wachsen etwa einen Drittelmillimeter am Tag. Da alle Haare irgendwann ausfallen, werden sie kaum einmal länger als etwa einen Meter.

HAUT

Wusstest du, dass du mit Schuppen bedeckt bist? Diese sehen aus wie Staub und gehen ständig durch Abnutzung verloren. Ein Erwachsener verliert etwa ein Kilogramm Haut pro Jahr. Der meiste Staub, den du im Haus siehst, besteht tatsächlich aus menschlicher Haut!

Ich will dir aber nicht den Spaß an der Haut verderben. Denn sie ist erstaunlich. Die Haut ist unser größtes Organ und sie erfüllt viele Aufgaben. Sie ist ein Behälter für alles, was in deinem Inneren ist, und sorgt dafür, dass das Gute (z. B. Blut) auch drin bleibt und das Schlechte (wie Schmutz) draußen. Und sie bildet Vitamine.

Haut kann abgeschürft oder verletzt werden, aber sie verliert – anders als ein Herz oder eine Niere – nie plötzlich ihre Funktion. Stell dir vor, sie gäbe plötzlich nach. Dann würden deine Muskeln aus dem Körper platzen und dein Blut ungehindert auf den Boden fließen.

Die Haut besteht aus einer inneren Schicht, der **Lederhaut**, und einer äußeren, der **Oberhaut**. Deren Oberfläche – das, was man sieht – besteht fast gänzlich aus abgestorbenen Zellen. Das sind die »Schuppen«, die wir täglich verlieren.

COOL BLEIBEN

Bei Hitze kühlt uns die Haut, indem wir schwitzen. Schweiß ist zu 99,5 % Wasser. Wenn er verdunstet – also trocknet –, entzieht er unserer Haut Wärme.

Schweiß wird in winzigen Hautorganen gebildet, den **Schweißdrüsen**. Von dort wandert er durch eine dünne Röhre nach außen und erreicht bei einer kleinen Öffnung **(Pore)** die Hautoberfläche.

Schweiß ist an sich geruchlos. Unangenehme Gerüche entstehen, wenn Bakterien auf der Haut den Schweiß essen und dabei stinkende Chemikalien von sich geben (also Bakterien-Pupse) – daher riechen Schweißfüße und Käse so ähnlich …

DURCHLÖCHERT

Niemand weiß, wie viele Löcher wir in der Haut haben, aber es sind eine Menge. Wir haben gut und gern zwei Millionen Haarfollikel und wahrscheinlich doppelt so viele Schweißporen.

Haarfollikel erfüllen wichtige Aufgaben. Sie lassen nicht nur Haare wachsen, sondern bilden auch den öligen **Hauttalg**. Der vermischt sich mit dem Schweiß und hält unsere Haut weich und glatt – und wasserdicht. Manchmal werden die Follikel von Hautschuppen und getrocknetem Talg verstopft und es bildet sich ein **Mitesser**. Wenn sich dieser durch Bakterien entzündet, rötet und anschwillt, hast du einen **Pickel**.

VITAMINFABRIK

Als würde das alles noch nicht genügen, bildet deine Haut auch noch Vitamin D. Vitamin D ist wirklich wichtig. Es verhilft uns zu kräftigen Knochen und Zähnen und stärkt das Immunsystem. Wenn die Sonne mit genügend **UV-Strahlung** (bei uns vom Frühjahr bis in den Herbst) auf die Haut trifft, beginnt diese automatisch, Vitamin D herzustellen.

EIN SENSATIONELLER KRIMINALFALL

Im Oktober 1902 wurde die Pariser Polizei zu einer Wohnung in einem wohlhabenden Viertel gerufen. Dort war ein Mann ermordet und mehrere Kunstwerke gestohlen worden. Der Mörder hatte keine offensichtlichen Hinweise hinterlassen. Glücklicherweise konnte die Polizei jemanden zurate ziehen, der sich auf das Aufspüren von Verbrechern spezialisiert hatte – einen Mann namens Alphonse Bertillon.

Bertillon untersuchte den Tatort. An einem Fensterrahmen fand er einen einzelnen Fingerabdruck. Als sich später herausstellte, dass dieser zu einem Abdruck passte, den Bertillon zuvor einem Verbrecher namens Henry-Léon Scheffer abgenommen hatte, konnte die Polizei den Mörder verhaften. So fanden Fingerabdrücke Einzug in die Kriminalistik – damals eine Sensation.

Bertillon war aber nicht der Erste, der herausfand, dass sich die Fingerabdrücke aller Menschen voneinander unterscheiden. (Sie sind also bei jedem einzigartig.) Der tschechische Mediziner Jan Purkinje hatte dies schon Jahrzehnte zuvor entdeckt. Und in China hatte man das sogar schon mehr als tausend Jahre früher herausgefunden. Bertillon war auch gar nicht der Erste, der mithilfe von Fingerabdrücken einen Mörder überführte – das war schon zehn Jahre früher in Argentinien geschehen. Meist wird die Entdeckung aber Bertillon zugeschrieben!

OFFENE FRAGEN

Wir wissen also schon lange, dass unsere Fingerabdrücke etwas Besonderes sind. Trotzdem gibt es da noch viele offene Fragen.

Wozu haben wir die Wirbel auf unseren Fingerkuppen überhaupt entwickelt?

KEINER WEISS DAS GENAU, ABER HIER SIND EINIGE MÖGLICHKEITEN:

- Sie helfen uns, Dinge zu greifen (was aber noch niemand bewiesen hat).
- Sie sorgen dafür, dass Wasser leichter von den Fingerkuppen abläuft.
- Sie machen die Finger besonders dehnbar (wieder eine unbewiesene Vermutung).

Aber warum werden sie beim Baden schrumpelig?

AUCH DAS WEISS EIGENTLICH KEINER.

Doch nicht nur unsere Fingerabdrücke scheinen einzigartig zu sein, sondern auch verschiedene andere Teile unseres Körpers. In manchen Sicherheitssystemen werden statt einem Schlüssel die Muster und Farben der Iris eines Menschen (das Farbige im Auge) verwendet, um eine Tür zu öffnen, oder »Ohrabdrücke« (3D-Scans der Ohrmuscheln), weil auch die als einzigartig gelten. Fingerabdrücke sind aber bekannter, einfach weil Kriminelle sie viel häufiger am Ort eines Verbrechens hinterlassen. Manchmal arbeitet die Polizei aber auch mit Ohrabdrücken.

TASTSINN

Unsere Haut mag seltsame und möglicherweise unnötige Eigenschaften haben (z. B. Fingerabdrücke), aber wir sollten nicht zu streng mit ihr sein. Sie versteht sich nämlich bestens auf Multitasking. Als würde es nicht genügen, zu schützen, zu kühlen und Vitamine zu produzieren, verfügt die Haut auch noch über jede Menge Mechanorezeptoren.

Ein **Mechanorezeptor** reagiert auf Berührung. Aber wir verfügen noch über viele andere Arten von Rezeptoren, also Zellen für die Wahrnehmung. So spüren Geruchsrezeptoren in der Nase übelriechende Chemikalien auf; Rezeptoren in den Augen werden durch Licht angeregt; Schadensrezeptoren in der Haut reagieren auf eine Verletzung. Alle diese Rezeptoren senden über unsere Nerven Signale ans Gehirn. Das Gehirn findet anhand dieser Signale dann heraus, was in unserer Welt passiert – und wie man darauf reagieren muss.

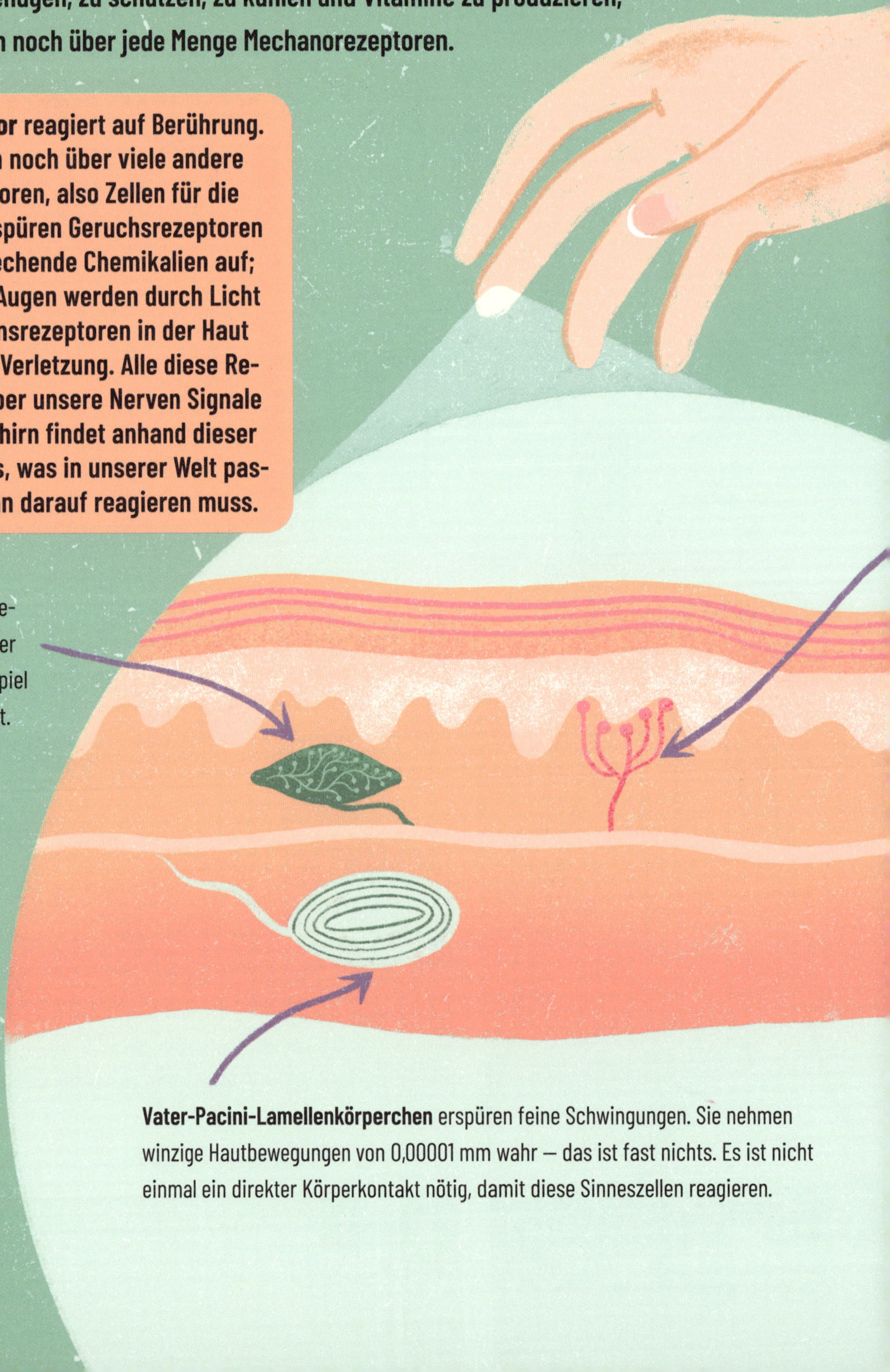

Ruffini-Körperchen reagieren auf leichte Dehnung der Haut – wenn du zum Beispiel etwas mit der Hand greifst.

Vater-Pacini-Lamellenkörperchen erspüren feine Schwingungen. Sie nehmen winzige Hautbewegungen von 0,00001 mm wahr – das ist fast nichts. Es ist nicht einmal ein direkter Körperkontakt nötig, damit diese Sinneszellen reagieren.

Merkel-Zellen kommen in behaarter wie unbehaarter Haut vor und reagieren auf leichte Berührung.

- **Behaarte Haut** enthält noch eine andere Sorte Mechanorezeptoren – die Haare selbst! Wird eines gebogen – z. B. durch einen Windhauch oder durch eine Spinne, die über deine Haut krabbelt –, dann werden die Nervenenden an den Haarwurzeln aktiviert und melden die Störung ans Gehirn.

Deine Fingerspitzen (und andere unbehaarte Körperpartien) sind voller **Meissner-Körperchen**. Wenn du mit geschlossenen Augen leicht über Plastik, Beton oder Seide streichst, verraten dir diese Rezeptoren, was du da spürst.

WIMMELNDES LEBEN

Ich habe dir doch erzählt, dass du mit abgestorbenen Hautschuppen bedeckt bist? Nun ja, eigentlich wimmelt es in dieser toten Schicht nur so von quicklebendigen Bakterien ...

Jeder Quadratzentimeter unserer Haut wird von ca. 100 000 Bakterien bewohnt – sehr unterschiedlichen Bakterien. Forscher meinen, bei den meisten von uns sind es ungefähr 200 verschiedene Arten, aber meine 200 können sich von deinen ziemlich unterscheiden.

So wie du deine Lieblingsorte hast, um abzuhängen, ist es auch bei Bakterien. Dein feuchter, warmer, faltiger Bauchnabel ist für sie wie ein Vergnügungspark. Genau das war der Anlass für ein Forschungsprojekt mit einem witzigen Namen ...

DAS BAUCHNABEL-BIODIVERSITÄTSPROJEKT

Eine zufällige Auswahl von 60 Amerikanern ließ ihren Bauchnabel auf Bakterien untersuchen. Und was kam heraus?

- Das Team fand insgesamt 2 368 verschiedene Bakterienarten, 1 458 davon bis dahin unbekannt.
- Pro Testperson wurden zwischen 29 und 107 Arten gefunden. Einer hatte eine Mikrobe, die man nur aus Japan kannte – wo er noch nie gewesen war.

Da könnte man Lust bekommen, den Bauchnabel bei der nächsten Dusche besonders gründlich zu schrubben. Aber nicht so schnell. Einer Untersuchung zufolge steigt die Bakterienzahl auf unserer Haut nach dem Baden oder Duschen sogar noch an, weil die Mikroben dabei aus den letzten Winkeln des Körpers ausgespült werden.

Gründliches Händewaschen (mindestens eine Minute mit Wasser und Seife) hilft aber schon gegen schädliche Bakterien, die von den Händen ansonsten in den Körper gelangen könnten. Das könnte beispielsweise geschehen, wenn du einen Apfel isst. Oder in der Nase bohrst **(was du natürlich niemals tun würdest ...).**

WIE EINE GROSSE SCHALE MIT KNUSPRIGEN CORNFLAKES …

Bakterien sind nicht die einzigen Lebewesen auf unserer Haut. In diesem Augenblick weiden winzige Milben auf deinem Kopf (und anderen fettigen Hautpartien). Glücklicherweise sind sie normalerweise harmlos und unsichtbar. Aber sie mampfen deine abgestorbene Haut. Die Schuppen sind für sie wie leckere Cornflakes. Wenn du die Augen schließt, dann kannst du mit ein bisschen Fantasie fast hören, wie sie knuspern …

NA? JUCKT'S?

Milben jucken normalerweise nicht. Juckreiz wird von der Forschung noch nicht ganz verstanden. In manchen Fällen allerdings schon – nach Mückenstichen oder Kontakt mit Brennnesseln. Vielleicht fängt es bei dir gerade jetzt plötzlich irgendwo an zu jucken, nur weil ich das Thema angesprochen habe. Wir wissen, dass so etwas passiert. Aber niemand kann erklären, warum.

Manchmal lässt sich ein Juckreiz einfach nicht stillen. Man erzählt sich von einem besonders außergewöhnlichen Fall: Nach einer Krankheit musste Patientin »M« sich ständig an der Stirn kratzen – vor allem, wenn sie schlief. Nach einer Weile hatte sie dort die ganze Haut weggerubbelt. Eines Morgens wachte sie schließlich auf und entdeckte, dass sie sich ein Loch in den Schädelknochen gekratzt hatte – bis zu ihrem Gehirn.

LEBEN IN DIR

Vielleicht war dir ein bisschen mulmig angesichts der Bakterien auf deiner Haut. Nun, sie leben auch in deinem *Innern*, und es sind Billionen! Zusammen wiegen sie ungefähr so viel wie deine *Leber*. Aber keine Panik: Ohne all diese Bakterien würdest du sterben.

Hier ein paar Beispiele, wie Bakterien dir helfen:

- Ein leckeres Abendessen mit Fisch und Gemüse wäre halb so gesund, wenn deine Darmbakterien nicht nützliche Dinge wie Vitamin B und K daraus machen würden.
- Ein herrlich matschiger Spielplatz wäre nur halb so spaßig, wenn schädliche Bakterien, die in deinen Körper eindringen, nicht von »guten« Bakterien, die in deinem Körper leben, unter Kontrolle gehalten würden.

Die Erde ist voller Mikroben – mit vollem Namen **Mikroorganismen**. Diese Lebewesen sind so klein, dass man sie nur unter einem Mikroskop sehen kann. Viren und Pilze (die wir uns später ansehen) zählen auch dazu.

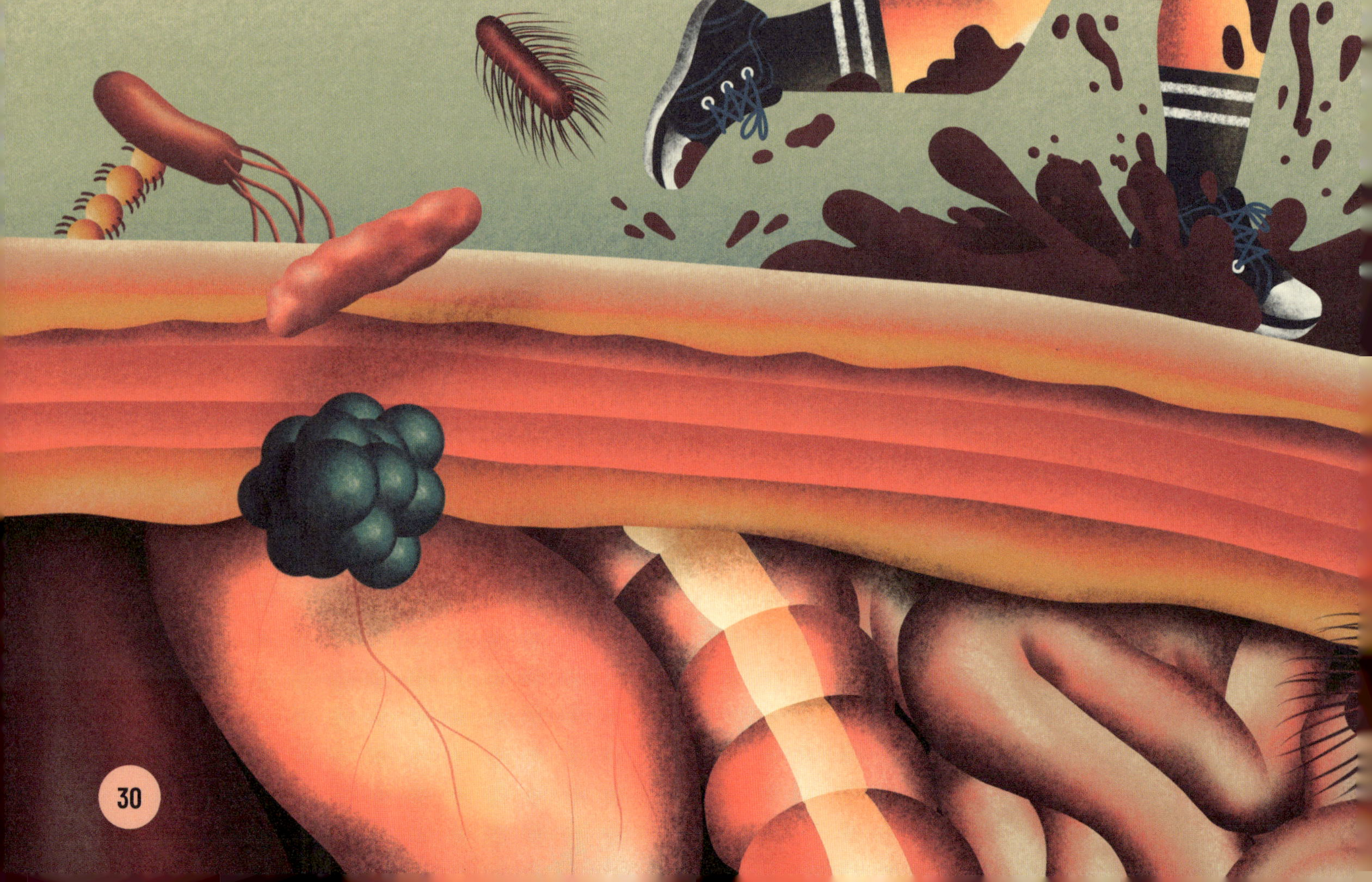

Würde man alle Mikroben der Welt auf einen Haufen packen, und alle Tiere auf einen anderen, dann wäre der Mikrobenhaufen 25 Mal so groß. Allzu viel wissen wir noch gar nicht über die Mikroben, die in uns leben. Ich kann dir aber sagen, dass ungefähr 40 000 verschiedene Arten in deinem Körper leben und zwar:

- **in der Nase: 900**
- **innen an den Wangen: 800**
- **auf dem Zahnfleisch: 1300**
- **in deinem Verdauungstrakt (der Weg von Mund zu After): 36 000**

»Gute« Bakterien (die z. B. bei der Verdauung helfen) möchten, dass du viel frisches Obst und Gemüse isst. Wenn du viel Süßes und Fett isst, können »schlechte« Bakterien überhandnehmen und dir geht es nicht gut.

Auch Antibiotika, die man gegen eine Infektion einnimmt, können im Darm zu viele gute Bakterien töten. Wenn deshalb die schlechten gedeihen, kann das zu Durchfall und Muskelkrämpfen führen. Mediziner arbeiten gerade an einer Kur dafür:

- Sie nehmen Kot mit vielen guten Bakterien von einer gesunden Person (die zu spenden bereit ist!).

- Über einen dünnen, biegsamen Schlauch wird dieser Kot über den After in den Dickdarm des Patienten eingeführt. Die guten Bakterien machen es sich dort gemütlich ... und das Gleichgewicht ist wiederhergestellt. (Wie im Anatomiesaal kann einem auch bei dieser Vorstellung ein bisschen komisch werden!)

Im Alter von einem Jahr hat ein Baby ungefähr hundert Billionen Mikroben angesammelt.

DAS GEHIRN

Auch wenn du jeden Zentimeter des Weltalls absuchst, wirst du wahrscheinlich nichts so Erstaunliches und Kompliziertes finden wie dein Gehirn.

Für ein derartiges Wunderwerk sieht es nicht nach viel aus:

- Es wiegt ungefähr 1,5 kg und ist schwammig wie Gelee.
- Es besteht zu 75 – 80 % aus Wasser, der Rest ist größtenteils Fett und Protein.
- Es scheint nichts zu tun – es pulsiert nicht, leuchtet nicht, wogt und gurgelt nicht oder zeigt sonst wie an, dass es aktiv ist.

Und doch …

… erschafft dein Gehirn deine ganze wunderbare Welt – *alles* was du spürst, fühlst und weißt. Selbst wenn du still dasitzt und nichts tust, arbeitet dein Gehirn sich in 30 Sekunden durch mehr Informationen, als das großartige Hubble-Weltraumteleskop in 30 Jahren verarbeitet.

Ein sandkorngroßes Stück von deinem Gehirn enthält bis zu 2000 Terabyte an Informationen. Das entspricht der Datenmenge aller jemals gedrehten Filme (mit Trailer und Abspann).

Insgesamt kann das menschliche Gehirn etwa 200 Exabytes an Informationen speichern. Das entspricht etwa allen heute existierenden digitalen Daten der Welt. Ich wüsste nicht, was im Universum noch erstaunlicher sein könnte als das Gehirn!

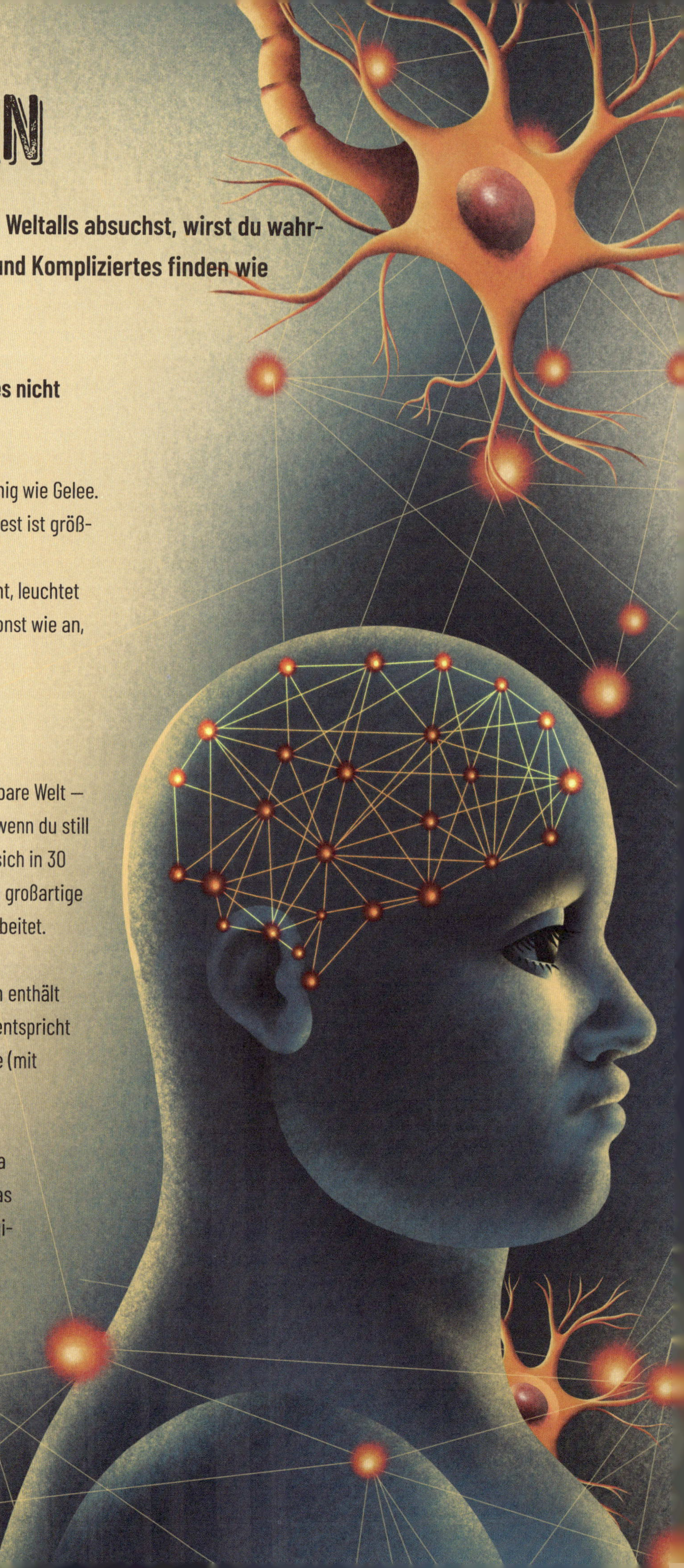

Unser Gehirn ist außerdem sehr genügsam. Es braucht am Tag nur etwa 400 Kalorien an Energie – ein Blaubeermuffin würde also reichen. Versuch mal, eine Spielkonsole 24 Stunden mit einem Muffin zu betreiben – du wirst nicht weit kommen! Anders als der Rest deines Körpers verbraucht dein Gehirn diese Kalorien stetig, ganz egal, was du gerade tust – ob schwierige Mathe-Hausaufgaben oder einfach nur fernsehen.

Obwohl das Gehirn unglaublich leistungsfähig ist, ist nichts daran typisch menschlich. Seine Bestandteile sind im Grunde dieselben wie beim Gehirn eines Hundes oder Goldhamsters.

Sehen wir uns die Bestandteile deines Gehirns einmal an ...

- **Neuronen:** Im Gegensatz zu anderen Zellen sind diese besonderen Hirnzellen nicht klein und rund, sondern langgestreckt. Stell sie dir wie einen Baum mit Ästen und Wurzeln vor.

Neuronen gibt es nicht nur im Gehirn. Sie sind die Grundbausteine des gesamten Nervensystems. Über dieses sendet unser Gehirn Anweisungen an verschiedene Körperteile, damit sie bestimmte Dinge tun, und erhält von dort Rückmeldungen. Der Befehl »Hand: Stecke den Keks in den Mund!« würde ohne die Neuronen nichts bewirken. Und ohne Rückmeldung von den Körperteilen würde das Gehirn nicht wissen, ob du den Keks tatsächlich gegessen hast ... oder er dir versehentlich runtergefallen ist.

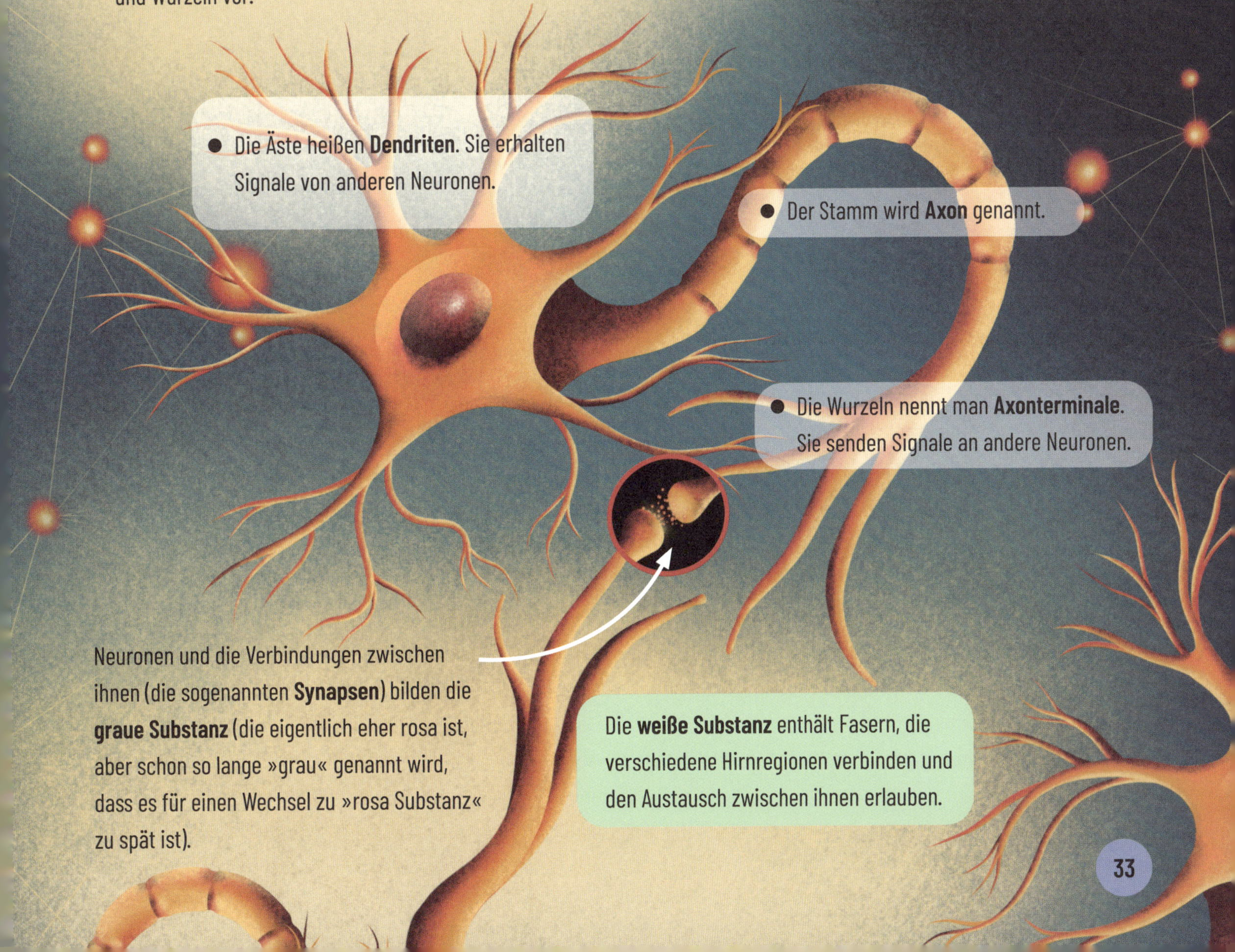

Neuronen und die Verbindungen zwischen ihnen (die sogenannten **Synapsen**) bilden die **graue Substanz** (die eigentlich eher rosa ist, aber schon so lange »grau« genannt wird, dass es für einen Wechsel zu »rosa Substanz« zu spät ist).

Die **weiße Substanz** enthält Fasern, die verschiedene Hirnregionen verbinden und den Austausch zwischen ihnen erlauben.

TEILE DES GEHIRNS

Dein Gehirn sieht ein bisschen aus wie ein Klumpen schrumpeliger Tofu. Aber du hast Glück: Es ist etwas komplexer als Tofu.

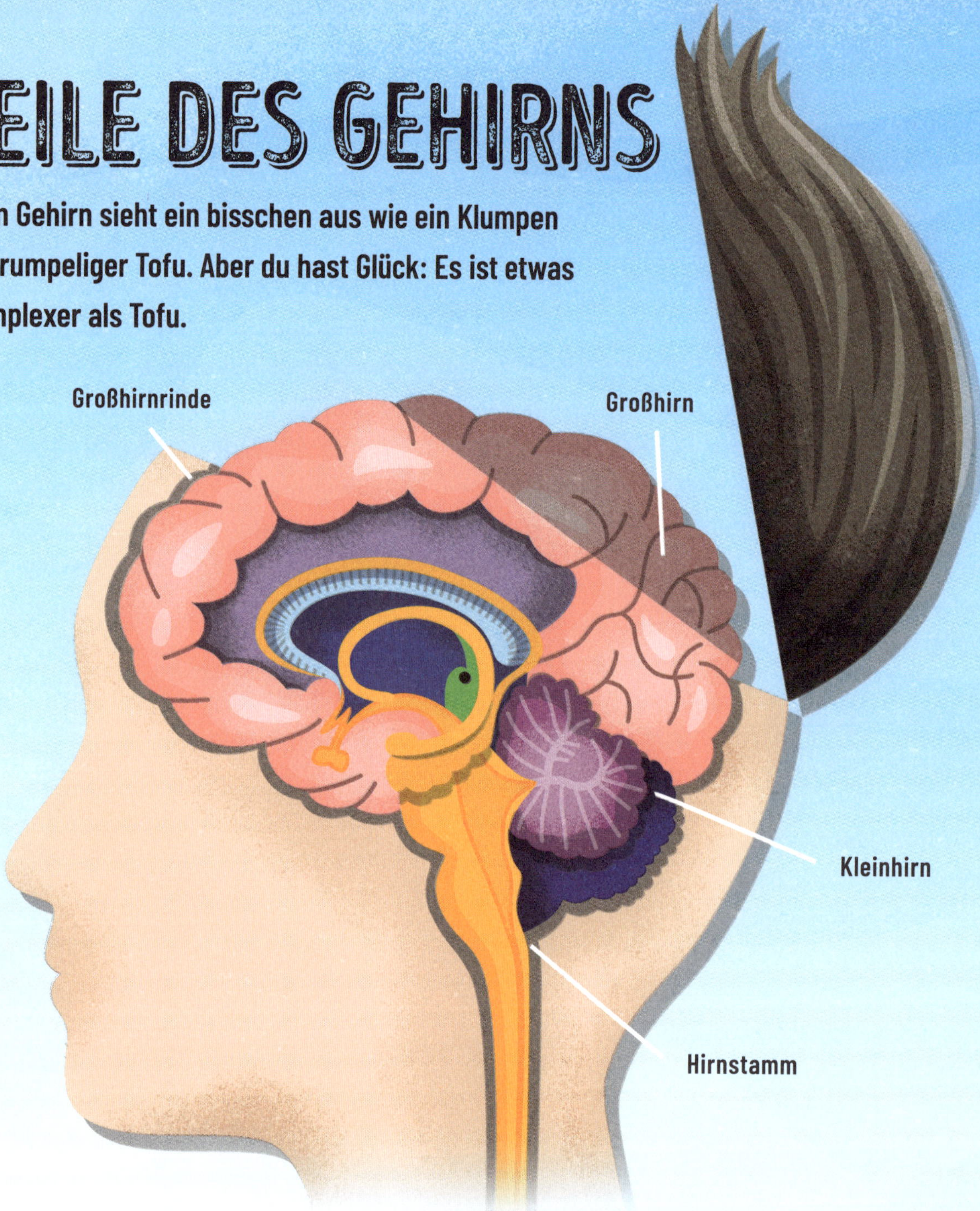

Das **Großhirn** ist der große Teil, den wir normalerweise mit »Gehirn« meinen. Es besteht aus zwei Hälften, der rechten und linken Gehirnhälfte. Die Verbindung läuft über Kreuz, sodass die linke Gehirnhälfte die rechte Körperseite kontrolliert, die rechte Hirnhälfte die linke Seite des Körpers.

Die 4 mm dicke runzlige äußere Schicht des Großhirns ist die **Großhirnrinde**. Alle kniffligen Aufgaben – die »höheren Prozesse« wie Denken, Sehen, Lernen oder das Ausdenken von Ausreden für nicht gemachte Hausaufgaben – übernimmt diese Schicht.

Das **Kleinhirn** kümmert sich um das Gleichgewicht und komplizierte Bewegungen. Wenn du schon mal ein Rad geschlagen oder ein geniales Tor geschossen hast (oder ein lausiges), dann musst du dich bei deinem Kleinhirn bedanken.

Der **Hirnstamm** ist der älteste Teil des Gehirns. Du könntest aber nicht ohne ihn leben. Er ist zuständig für das Atmen, Kauen, den Herzschlag, Schlucken, Erbrechen und noch viel mehr.

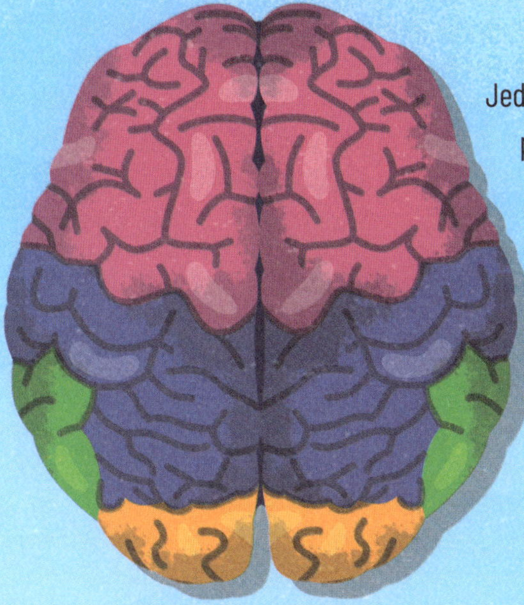

Jede Gehirnhälfte besteht aus vier **Hirnlappen**. Kleinere Gruppen von Neuronen in diesen Lappen erfüllen besondere Aufgaben. Eine Gruppe zum Beispiel tut nichts anderes, als Gesichter zu erkennen.

Woher wissen Forscher, *welcher* Teil des Gehirns *was* tut? Teilweise wissen sie es durch Untersuchungen an verletzten Gehirnen.

Die Vorstellung, wir würden nur 10 % unseres Gehirns benutzen, ist ein Mythos!

LAUNISCH UND UNHÖFLICH

Im Jahr 1948 stopfte der Bahnarbeiter Phineas Gage Dynamit in einen Felsen, als die Ladung plötzlich explodierte. Eine 60 cm lange Eisenstange bohrte sich durch seine linke Wange in seinen Kopf und trat oben aus dem Scheitel wieder aus. Dadurch verlor er ein zylinderförmiges Stück seines Frontallappens. Erstaunlicherweise überlebte Gage. Aber sein Wesen hatte sich verändert. Der vormals sorglose, beliebte Mann war plötzlich aufbrausend und grob. Seinem Unglücksfall verdanken wir den ersten Nachweis, dass die Persönlichkeit eines Menschen im Frontallappen angesiedelt ist.

Wenn Teile des Gehirns – oder ihre Verbindungen untereinander – beschädigt werden oder nicht richtig funktionieren, kann das verschiedene merkwürdige Probleme schaffen.

Welche dieser Störungen, glaubst du, gibt es wirklich?

- Anton-Syndrom: Die Betroffenen sind blind, wollen das aber nicht eingestehen.
- Riddoch-Phänomen: Bei dieser Störung werden nur Gegenstände gesehen, die sich bewegen.
- Capgras-Syndrom: Betroffene glauben, nahestehende Personen seien durch identisch aussehende Doppelgänger ersetzt worden.
- Cotard-Syndrom (auch: nihilistischer Wahn): Die betroffene Person ist felsenfest davon überzeugt, dass sie tot sei.

Antwort: alle

GEHIRNENTWICKLUNG UND -ANPASSUNG

DEIN GEHIRN IST ANDERS ALS MEINES.

Das gilt auch für deine Beine oder Arme. Dein ganzer Körper wächst und entwickelt sich zu einem Erwachsenen – und dein Gehirn wächst mit.

Das Gehirn startet ganz schön rasant durch. In den beiden ersten Lebensjahren werden jede Sekunde ungefähr eine Million neuer Verbindungen zwischen Neuronen geknüpft. Dieser Vorgang ist aber erst mit Mitte oder Ende zwanzig abgeschlossen.

Während der Teenagerzeit verändert sich das Gehirn stark. Es bildet sich mehr weiße Substanz und Wissenschaftler glauben, dass das Gehirn dadurch all die tollen Dinge, für die es verantwortlich ist, noch schneller vollbringen kann. Gleichzeitig sinkt der Anteil an grauer Substanz, und das ist gar nicht schlecht: Wie eine Hecke muss das Gehirn beim Wachsen in seine endgültige Form getrimmt werden.

Wie sich dein Gehirn entwickelt und in welcher Weise es getrimmt wird, hängt von verschiedenen Faktoren ab: Gene spielen ebenso eine Rolle wie das, was du isst. Hirnforscher glauben aber, dass auch das, was du zu Hause, in der Schule und beim Spielen mit Freunden erlebst, eine Rolle spielt.

Erst vor Kurzem haben Forscher erkannt, wie **plastisch** – also anpassungsfähig – das Gehirn ist: Die Verdrahtung der Neuronen kann sich ändern und ein Hirnteil Aufgaben von einem anderen übernehmen. Das ist bei Erwachsenen so, aber in einem jungen Gehirn passiert das noch sehr viel öfter …

- Bei der Untersuchung des Gehirns eines medizinisch unauffälligen Mannes mittleren Alters stellten Ärzte zu ihrem Erstaunen fest, dass eine riesige Zyste (ein mit Flüssigkeit gefüllter Beutel) zwei Drittel seines Schädelvolumens einnahm. Sie musste schon seit seiner frühen Jugend da gewesen sein. Das Drittel des Gehirns, das ihm geblieben war, hatte die Aufgaben des fehlenden Teils übernommen. Vor der Untersuchung hatte niemand etwas von dieser gewaltigen Zyste geahnt.

- Eine Jugendliche, bei der seit Geburt nur die rechte Gehirnhälfte funktionierte, lernte überdurchschnittlich gut lesen, obwohl sich normalerweise die linke Gehirnhälfte um Sprache kümmert. Ohne eine funktionierende linke Hälfte war erstaunlicherweise die rechte Hälfte eingesprungen und hatte die Aufgabe übernommen.

- Eine Frau war schon vierundzwanzig Jahre alt, als die Ärzte bemerkten, dass sie kein Kleinhirn besaß. Sie hatte erst mit sieben laufen gelernt und ging immer noch ziemlich unsicher. Dass sie es aber überhaupt konnte, ohne den Teil des Gehirns, der für das Gehen normalerweise verantwortlich ist, verblüffte die Ärzte.

MISSTRAUE DEINEM GEHIRN

Dein Gehirn ist wahrscheinlich das Abgefahrenste, was es im ganzen Universum gibt. Aber es spielt dir auch Streiche. Ziemlich oft.

Sogar jetzt, in diesem Moment.

Ich sollte erwähnen, dass es dich zu deinem eigenen Wohl austrickst. Würde es dem, was du siehst, hörst, schmeckst usw. nicht eine eigene persönliche Note geben, dann wäre die Welt für dich ziemlich verwirrend. Das passiert beispielsweise, wenn deine Lehrerin vorn im Klassenzimmer anfängt zu reden (bevor du einschläfst natürlich).

- Du siehst, wie sie den Mund bewegt, bevor du sie sprechen hörst, weil das Licht viel schneller bei dir ankommt als der Schall.
- Weil niemand schlechte Lippensynchronisation ausstehen kann, tut dein Gehirn, als würde beides gleichzeitig passieren.
- Oder Blinzeln: Du blinzelst so häufig, dass du deine Augen tagsüber etwa 10 % der Zeit geschlossen hast. Du bemerkst diese Sehpausen aber nicht, weil dein Gehirn dir vorgaukelt, dass es diese Blackouts gar nicht gibt.

Dass dein Gehirn so entspannt mit der Wahrheit umgeht, erklärt noch jede Menge anderer Sinnestäuschungen – nicht nur optische - also die das Sehen betreffen -, sondern auch Täuschungen der anderen Sinne.

- Die **Schachbrett-Illusion** ist sehr bekannt. Die grauen und die weißen Flächen im Schatten haben in Wirklichkeit genau dieselbe Farbe. Aber dein Gehirn beharrt darauf, dass das graue Quadrat dunkler ist, weil es das nach dem Hell-Dunkel-Muster erwartet. Ja, dein Gehirn erwartet sich etwas und lässt dich das dann sehen ... und das tut es ständig.

- Das Kanizsa-Dreieck ist ein anderes Beispiel hierfür. Im Bild gibt es gar kein Dreieck. Aber aufgrund der anderen Formen entscheidet dein Gehirn, dass eines da sein sollte – und deshalb siehst du es.

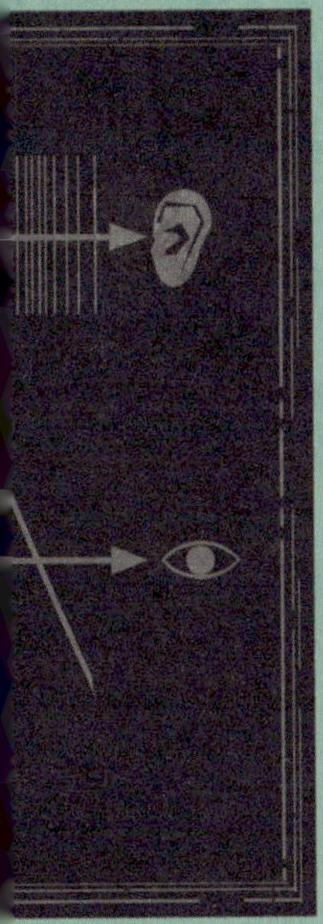

- Ein rosafarbenes Getränk schmeckt süßer als ein schwarzes. Warum? Weil dein Gehirn gelernt hat, dass rosafarbene Früchte wie Erdbeeren und Himbeeren süß schmecken. Daher erwartet es, dass rosafarbene Dinge süß sind, und das beeinflusst deinen Geschmacksinn.

- Eine kalte Münze fühlt sich auf der Stirn doppelt so schwer an wie dieselbe Münze bei Raumtemperatur. Warum? Eigentlich ist gar nicht das Gehirn daran schuld – es hat damit zu tun, wie es Berührungs- und Temperatursignale von den Nerven empfängt. Trotzdem ist diese schon 1830 entdeckte **Taler-Illusion** ziemlich cool.

DAS GESICHT

Ansichtssache, aber ... Dein Gesicht ist seltsam. Und nicht nur *dein* Gesicht. Alle unsere Gesichter sind ziemlich seltsam.

Ein paar Dinge sind bei Gesichtern ziemlich sinnvoll:

- Augen? Gebongt.
- Mund? Na klar.

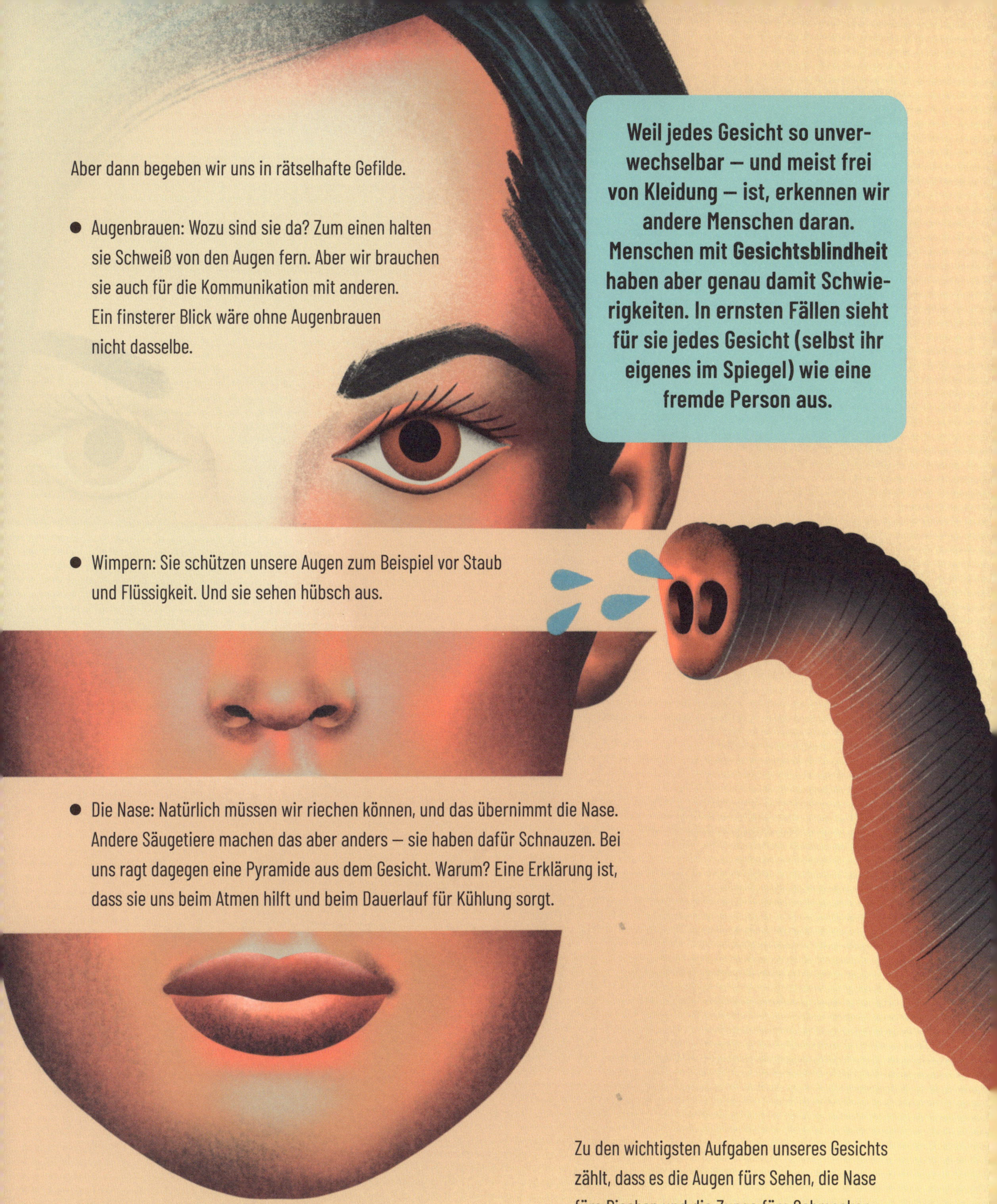

Aber dann begeben wir uns in rätselhafte Gefilde.

- Augenbrauen: Wozu sind sie da? Zum einen halten sie Schweiß von den Augen fern. Aber wir brauchen sie auch für die Kommunikation mit anderen. Ein finsterer Blick wäre ohne Augenbrauen nicht dasselbe.

Weil jedes Gesicht so unverwechselbar – und meist frei von Kleidung – ist, erkennen wir andere Menschen daran. Menschen mit Gesichtsblindheit haben aber genau damit Schwierigkeiten. In ernsten Fällen sieht für sie jedes Gesicht (selbst ihr eigenes im Spiegel) wie eine fremde Person aus.

- Wimpern: Sie schützen unsere Augen zum Beispiel vor Staub und Flüssigkeit. Und sie sehen hübsch aus.

- Die Nase: Natürlich müssen wir riechen können, und das übernimmt die Nase. Andere Säugetiere machen das aber anders – sie haben dafür Schnauzen. Bei uns ragt dagegen eine Pyramide aus dem Gesicht. Warum? Eine Erklärung ist, dass sie uns beim Atmen hilft und beim Dauerlauf für Kühlung sorgt.

- Rätselhaft ist unser Kinn. Nur wir Menschen haben eines, und niemand weiß, warum.

Zu den wichtigsten Aufgaben unseres Gesichts zählt, dass es die Augen fürs Sehen, die Nase fürs Riechen und die Zunge fürs Schmecken herumträgt. Fangen wir an mit den Augen und der sonderbaren Welt des Sehens …

SEHEN

Würdest du ein menschliches Auge in der Hand halten, würdest du dich vielleicht wundern, wie groß es ist. Normalerweise siehst du nämlich nur ein Sechstel davon. Der Rest steckt geschützt in einer Knochenmulde. Das ist gut so, denn dein Auge ist im Grunde ein mit Flüssigkeit gefüllter Beutel – allerdings ein ziemlich raffinierter.

Die **Pupille** ist natürlich die veränderbare Öffnung, durch die Licht ins Auge fällt. Der Name stammt vom lateinischen Wort für »Püppchen«, weil man sich im Auge von jemand anderem selbst in winziger Größe gespiegelt sieht.

Wenn Lichtwellen auf die **Netzhaut** fallen, senden **Stäbchen** und **Zapfen** – lichtempfindliche Zellen – über den **Sehnerv** elektrische Signale ans Gehirn. Erst wenn diese dort ankommen, sehen wir etwas.

Die **Fovea centralis** oder **Sehgrube** ist der Hotspot unseres Sehvermögens. Wenn du dir etwas ganz genau anschauen willst – z. B. ein Kuchenstück –, dann guckst du direkt darauf, stimmt's? So treffen die Lichtwellen, die von dem Kuchenstück zurückgeworfen werden, direkt auf die Sehgrube in der Mitte deines Auges und du siehst scharf. Das führt dazu, dass du den Laden auch bestimmt mit der Schokocremetorte verlässt und nicht mit Brokkoli oder Kaffee.

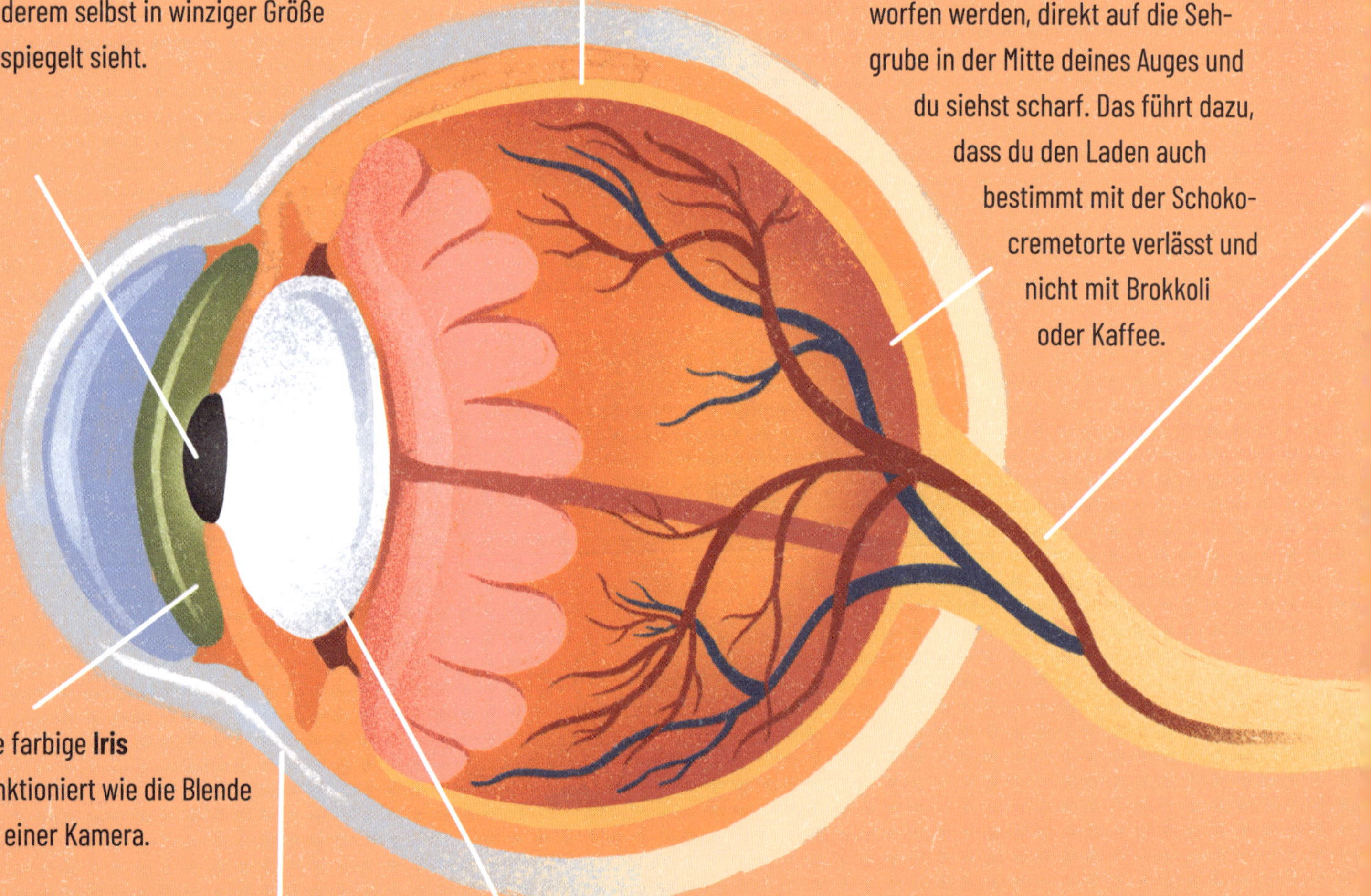

Die farbige **Iris** funktioniert wie die Blende an einer Kamera.

Die **Cornea** oder Hornhaut schützt das Auge. Sie übernimmt aber auch zwei Drittel der Lichtbündelung, die für eine scharfe Abbildung nötig ist.

Die **Linse** (an die jeder beim Scharfstellen denkt) übernimmt ... (ja, gut gerechnet!) nur ein Drittel, wenn das Auge fokussiert.

Weißt du noch? Ich habe dir doch erzählt, dass dich dein Gehirn ständig austrickst. Hier ein paar Beispiele:

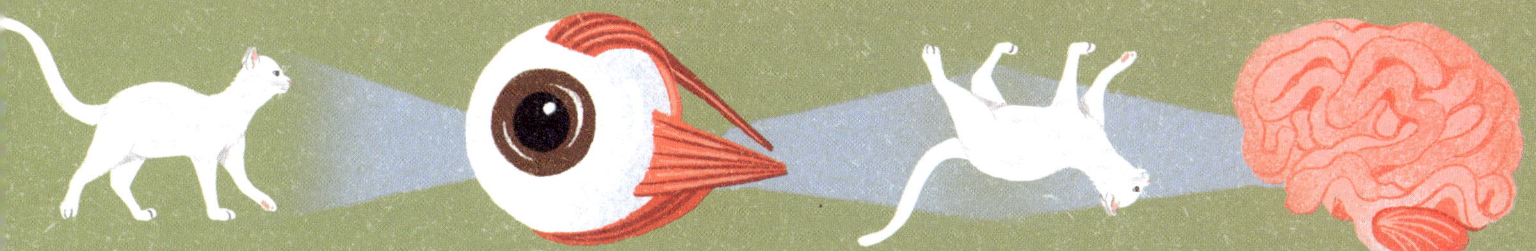

- Die Bilder auf der Netzhaut stehen auf dem Kopf. Erst dein Gehirn stellt die Welt wieder auf die Füße. Das ist mit Sicherheit eines seiner nützlichsten Tricks!

- Siehst du, wie der Sehnerv durch die Netzhaut aus dem Auge führt? Der Sehnerv ist etwa so dick wie ein Bleistift, und dort, wo er hindurchführt, hat die Netzhaut keine Sehzellen. Deshalb heißt diese Stelle der **blinde Fleck**. Normalerweise bemerkst du ihn nicht, weil dein Gehirn sich ausdenkt, was dort passieren sollte. Darum siehst du ein vollständiges Bild deiner Umwelt, ohne ein großes, klaffendes Loch darin.

Willst du deinen blinden Fleck finden? Schließe das linke Auge. Halte den linken Zeigefinger ausgestreckt vor dich und starre ihn mit deinem rechten Auge an. Jetzt wandere mit deinem rechten ausgestreckten Zeigefinger auf selber Höhe zum linken. An einem bestimmten Punkt sollte ein Teil deines rechten Fingers verschwinden. Da liegt dein blinder Fleck.

HELL UND DUNKEL

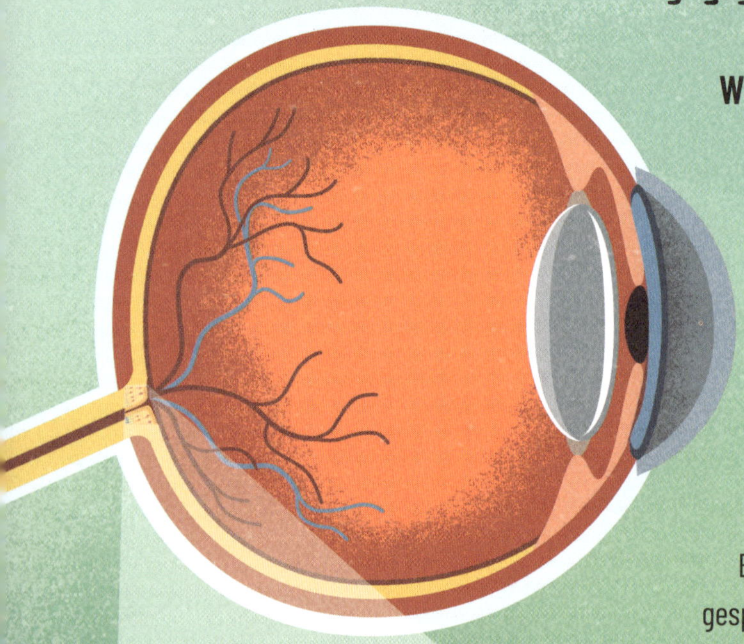

Wir haben zwei Arten von Sehzellen:

Stäbchenzellen funktionieren am besten bei wenig Licht. Farben erkennen sie allerdings nicht. Wir haben etwa 120 Millionen von ihnen, die meisten an den Rändern der Netzhaut.

Durch unsere 7 Millionen **Zapfenzellen** können wir in Farbe sehen. In der Sehgrube sind sie am dichtesten gepackt. Sie funktionieren am besten bei hellem Licht.

Bei wenig Licht sehen wir mit den Stäbchen – und alles erscheint in gespenstischen Grautönen.

FARBSEHEN

Es gibt drei Arten von Zapfen. Sie absorbieren jeweils Licht im blauen, grünen und roten Bereich, reagieren aber auch auf andere Wellenlängen. Durch die Kombination ihrer Signale können wir mindestens zwei Millionen Farben unterscheiden.

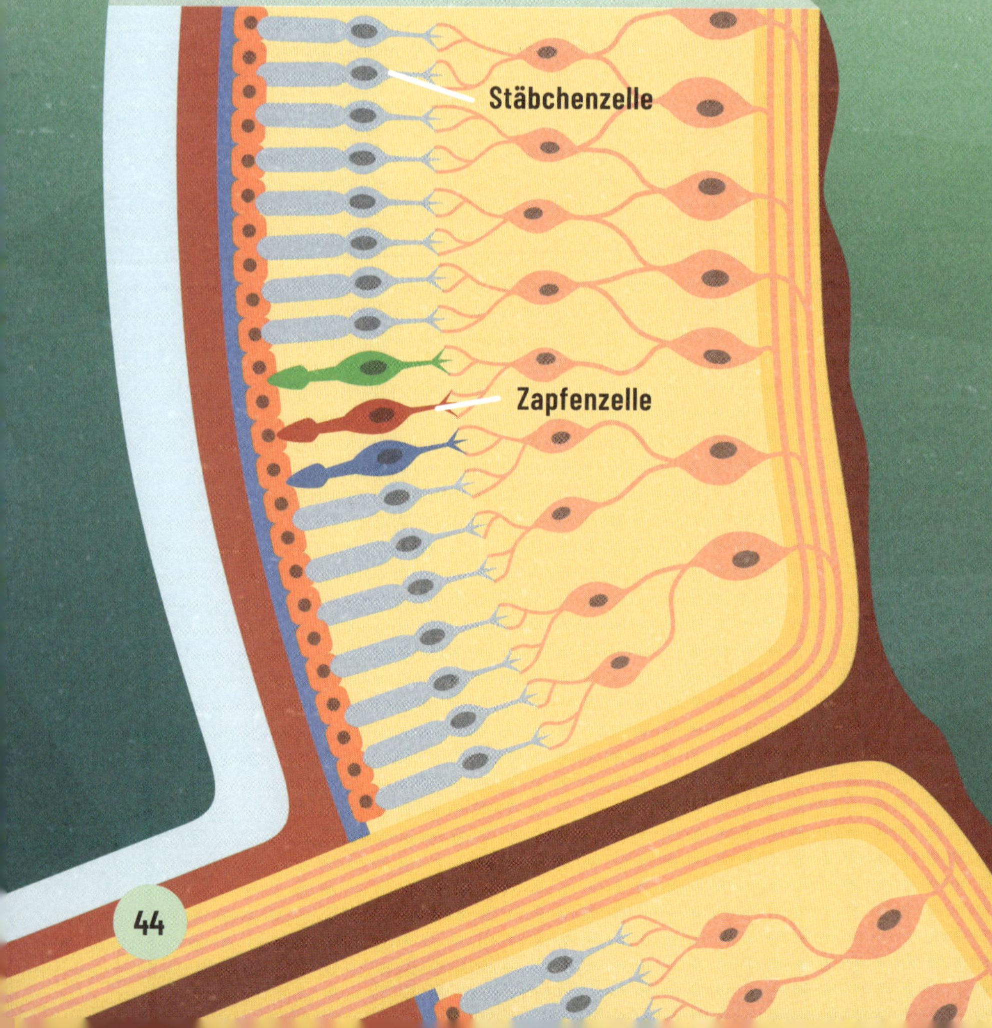

Eine Lichtwelle ist eine sich durch den Raum bewegende Energiewelle. Sie besteht aus winzigen Teilchen, den Photonen. Die Länge der Welle bestimmt ihre Farbe. »Weißes Licht« ist eine Mischung aus allen sichtbaren Wellenlängen.

Vögel, Fische und Reptilien haben *vier* verschiedene Farbrezeptoren. Ein Goldfisch sieht also Farben, die wir nicht sehen.

Bei **farbenblinden** Menschen fehlt entweder einer der drei Zapfentypen, oder einer funktioniert nicht richtig.

Die Rot-Grün-Sehschwäche betrifft einen von 12 Jungen oder Männern, und eines von 200 Mädchen oder Frauen. Mit dieser Störung ist es schwierig, Rot-, Orange-, Gelb-, Braun- und Grüntöne zu unterscheiden.

Die Blau-Gelb-Sehschwäche kommt seltener vor. Betroffene haben Schwierigkeiten mit Blau-, Grün- und Gelbtönen.

GLASKÖRPERFLOCKEN

Hast du schon einmal am Himmel die Wolken beobachtet, ein Flugzeug und vielleicht eine fliegende Möwe ... und dabei schwebende Teilchen auf deinem Augapfel gesehen?

Diese Flocken schwimmen nicht wirklich auf deinem Augapfel. Sie sind auch keine augenfressenden Bakterien oder sonst etwas Schreckliches.* Es sind einfach kleine Ausflockungen in der Geleefüllung deines Auges. Du siehst sie, weil sie einen Schatten auf die Netzhaut werfen.

***Glaskörperflocken sind ganz normal und kein Grund, sich Sorgen zu machen. In seltenen Fällen können sie allerdings auf einen Riss in der Netzhaut hinweisen.**

DIE INNERE UHR

Ich werde dir eine Geschichte erzählen. Aber zuerst erzähle ich dir etwas, das viele Menschen nicht wissen: Deine Augen haben zwei Aufgaben. Nicht eine. *Zwei.*

Im Juli 1962 stieg der französische Forscher Michel Siffre 130 m tief in eine Höhle in den Alpen – so tief, dass ihn dort kein Sonnenlicht erreichte. Er hatte allerdings eine Taschenlampe, Essen und Wasser dabei. Er wollte bis zum 14. September in der Höhle leben. Dabei hatte er nur eine einfache Aufgabe: jeden Morgen nach dem Aufwachen beim Team an der Oberfläche anrufen, und noch einmal vor dem Schlafengehen.

Als Siffre sein Team an dem Tag anrief, den er für den 20. August hielt, erlebte er eine Überraschung. Man sagte ihm, es wäre Zeit, die Höhle zu verlassen. Es war der 14. September und er war 25 Tage *länger* unten gewesen, als er gedacht hatte.

Normalerweise leben wir in einem 24-Stunden-Rhythmus. Wir wachen jeden Morgen etwa um die gleiche Zeit auf und gehen abends ungefähr zur gleichen Zeit schlafen (außer natürlich bei Übernachtungspartys). Siffre hatte seinen Tagesrhythmus auf 24½ Stunden ausgedehnt. Er war also jeden Tag ein bisschen später ins Bett gegangen … bis er irgendwann nachts wach war und tagsüber geschlafen hat.

Deshalb hatte er die Zahl der in der Höhle verbrachten Tage völlig falsch eingeschätzt. Laut Siffre war damit der Nachweis erbracht, dass der Körper über eine eigene innere Uhr verfügt.

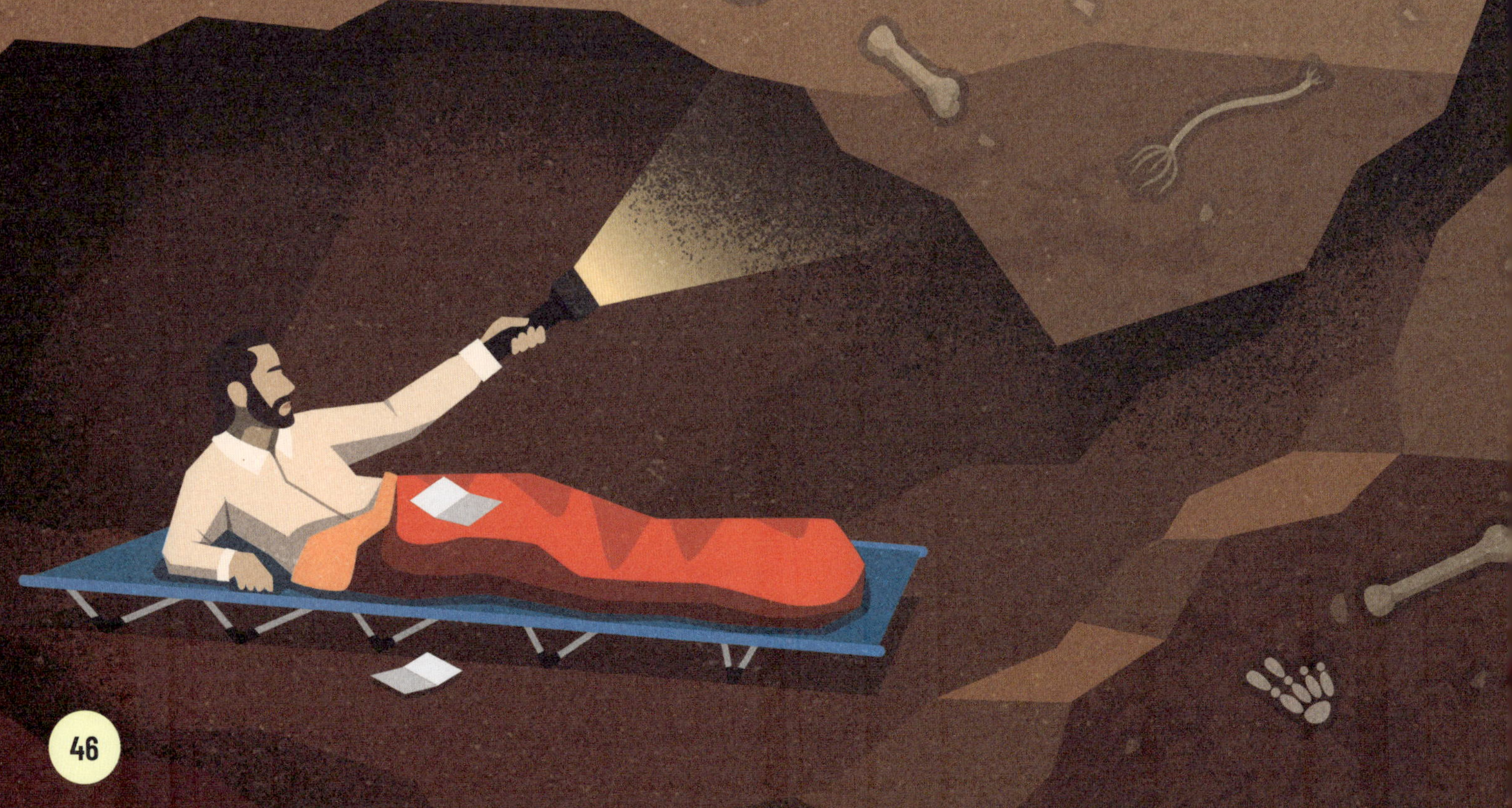

Andere Wissenschaftler widersprachen. Wo sollte im Körper eine Uhr sein? Doch auch spätere Untersuchungen haben dasselbe ergeben. Der Körper verfügt dabei nicht über eine, sondern sogar viele Uhren. Die Bauchspeicheldrüse hat eine, genau wie dein Herz, deine Muskeln und deine Nieren. Und jede hat ihren eigenen Stundenplan, der festlegt, wann das Organ tätig ist und wann es sich ausruht.

Dein Gehirn betätigt sich als Wecker. Es sagt dir, wann du aufstehen und wann du zu Bett gehen sollst. Und durch Lichtsignale von den Augen bleibt es auf einen 24-Stunden-rhythmus eingestellt. Von den Stäbchen, wirst du jetzt fragen? Nein. Dann den Zapfen? Auch nicht.

Die Antwort liegt in folgender Geschichte. 1999 konnte ein Neurowissenschaftler namens Russell Foster beweisen, dass unsere Augen neben den Zapfen- und Stäbchenzellen einen dritten Zelltyp beherbergen, der auf Licht reagiert.

Diese bis dahin unbekannten Rezeptoren mit dem komplizierten Namen »fotosensitive Ganglienzellen« haben nichts mit unserem normalen Sehen zu tun, aber sie nehmen Licht wahr. Mit dieser Information teilen sie dem Gehirn mit, wann es Nacht wird und wann wieder Tag. Weil Siffres Gehirn in der Höhle diese Signale gefehlt hatten, irrte er sich so sehr in der Zahl der vergangenen Tage.

Zunächst wurde Foster nicht geglaubt. Die Wissenschaft hatte jahrzehntelang das Auge erforscht – unmöglich, dass diese Rezeptoren bisher übersehen wurden!

Doch Russell Foster hatte recht, ebenso wie Siffre.

HÖREN

Hören ist ein sträflich unterschätztes Wunder.

HARDWARE:

- Drei winzige Knochen
- Ein Hauch von Muskeln und Bändern
- Eine empfindliche Membran
- Ein paar Nervenzellen

ERGEBNIS:

Du kannst alles hören, vom leisesten Sprühregen am Fenster bis zur lauten, abartigen Musik, die deine Eltern (schon wieder) hören.

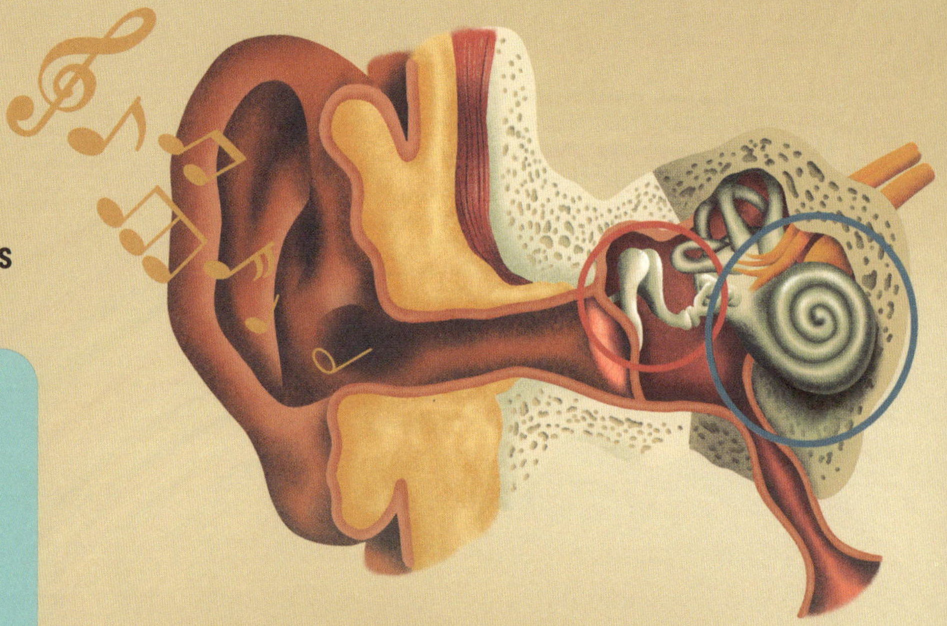

DEIN OHR BESTEHT AUS DREI TEILEN:

1. **Außenohr:** Das labberige Ding, das wir »Ohr« nennen. Mit seiner seltsamen Form kann es Geräusche erstaunlich gut einfangen. Der Gehörgang führt vom Außenohr zum ...

Verblüffend: Deine Gehörknochen – Hammer, Amboss und Steigbügel – waren vor langer Zeit einmal Kieferknochen. Im Lauf der Evolution wanderten sie ins Ohr. Lange Zeit hatten sie gar nichts mit dem Hören zu tun.

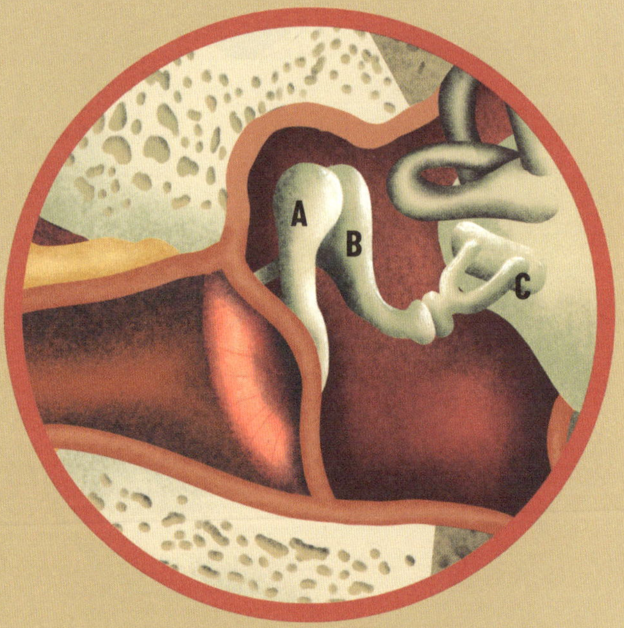

2. **Mittelohr:** Dieses beginnt mit dem **Trommelfell**. Schallwellen bringen diese Membran zum Schwingen. Die feinen Vibrationen werden von den drei bereits erwähnten Gehörknochen weitergeleitet:

A Hammer (oder: Malleus)
B Amboss (oder: Incus)
C Steigbügel (oder: Stapes)
(Wer sich diese Namen ausgedacht hat, muss sich für das Schmiedehandwerk interessiert haben.)

Eine Schallwelle ist eine sich durch den Raum bewegende Welle aus schwingenden Molekülen (also Atomgruppen). Schallwellen können sich in Gasen – also auch in der Luft – ausbreiten, aber auch in Flüssigkeiten und Festkörpern.

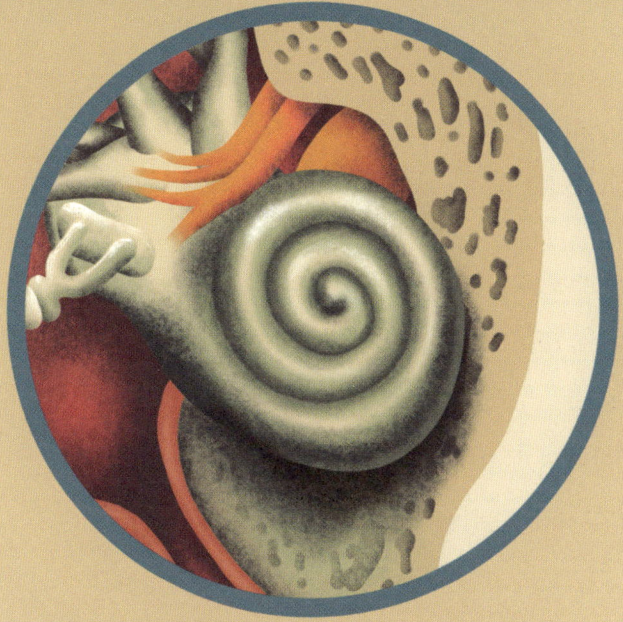

DIE DREI KLEINEN KNOCHEN LEITEN DIE SCHWINGUNGEN DURCH DAS ...

3. **Innenohr:** genau genommen zur **Gehörschnecke** (Cochlea). Dieses wie eine Schnecke gewundene Organ besitzt 2700 winzige Härchen. Sie wiegen sich unter den Schallwellen wie Strandhafer im Wind und senden Signale weiter zum Gehirn.

Das Gehirn setzt alle Signale zusammen und findet heraus, was du eben gehört hast.

Es ist wirklich erstaunlich, wie klein das alles ist. Die Gehörschnecke ist nicht größer als ein Sonnenblumenkern. Die drei Gehörknochen würden auf einem Hemdknopf Platz finden.

Unsere Ohren sind unglaublich empfindlich. Und sie sind für eine leise Welt gemacht. Sie haben sich entwickelt, als nicht alles so laut war wie heute. Wer hätte gedacht, dass sich Leute eines Tages Plastikknöpfe in die Ohren stecken, um Musik zu hören? Laute Geräusche (wie Musik aus Ohrhörern) können die Haarzellen beschädigen oder sogar abtöten. Und das ist schlimm. Denn wenn sie weg sind, ist das für immer.

GLEICHGEWICHT

Dem Innenohr reicht es nicht, sich nur um das Hören zu kümmern. Es hat noch eine andere sehr nützliche Aufgabe.

Es sorgt für dein Gleichgewicht. Dafür besitzt es eine sehr pfiffige Anordnung von sogenannten **Bogengängen** und zwei winzigen Behältern, die alle zusammen den **Vestibulapparat** bilden.

Wenn du den Kopf bewegst, verschieben sich in diesen Röhrchen winzige Kristalle und Flüssigkeiten. Diese Bewegungen drücken auf Härchen, die aus der Wand der Röhrchen und Behälter ragen. Die Haarzellen senden dann Signale ans Gehirn. Das Gehirn bestimmt aus den Signalen, in welche Richtung du dich bewegst und wie schnell, damit du nicht das Gleichgewicht verlierst.

Warum ist dir schwindlig, wenn du dich im Kreis gedreht hast und wieder stillstehst? Deine Augen melden zwar deinem Gehirn, dass du dich nicht mehr drehst, aber die Flüssigkeit im Gleichgewichtsapparat ist immer noch in Bewegung.

RIECHEN

Auf welchen deiner Sinne würdest du am ehesten verzichten? Die meisten sagen, auf den Geruchssinn. Die Hälfte aller Menschen unter dreißig sagten bei einer Untersuchung sogar, sie würden lieber auf das Riechen verzichten als auf ihr wichtigstes elektronisches Gerät.

ICH KANN DIR EINES SAGEN: DAS WÄRE GANZ SCHÖN DUMM.

Riechen ist unglaublich wichtig. Wenn wir Essen lecker finden, dann vor allem wegen seines Geruchs und nicht wegen seines Geschmacks.

Beim Kauen wandern duftende Chemikalien vom Mund durch eine Öffnung hinauf in die Nase. Dort treffen sie auf deine **Geruchsrezeptoren**. Von denen hast du etwa 400 verschiedene. Das Gehirn verarbeitet die Signale dieser Rezeptoren und erkennt, ob du es mit leckerer heißer Schokolade zu tun hast oder irgendeinem übel riechenden fauligen Gemüse.

Und das ist noch ein Grund, weshalb Riechen wichtig ist: Es hilft uns, zu entscheiden, was wir essen oder trinken wollen und was wir *unter keinen Umständen* auch nur in die Nähe unseres Mundes lassen.

Der Geruchssinn kann uns auch vor anderen Gefahren warnen – zum Beispiel vor Brandgeruch.

Meistens halten wir *andere* Tiere für die besseren Riecher. Hunde sind Meisterschnüffler. Da will ich nicht widersprechen, aber neuere Untersuchungen zeigen, dass wir Menschen möglicherweise eine Billion verschiedene Gerüche unterscheiden können. Unser Geruchssinn ist also gar nicht so lausig, wie wir meinen.

Amerikanische Wissenschaftler verteilten versuchsweise den Geruch von Schokolade auf einer Wiese. Die Versuchspersonen sollten auf allen vieren dieser Spur folgen, was zwei Dritteln von ihnen sehr gut gelang.

IMMER NOCH NICHT ÜBERZEUGT? DANN LIES DAS HIER:

- Lässt man Leute an verschiedenen T-Shirts riechen, dann können sie normalerweise sagen, welches von einem ihrer Familienangehörigen getragen wurde.
- Babys und ihre Mütter können sich gegenseitig sehr gut nur am Geruch erkennen.
- Bei einem Versuch, ob Hunde oder Menschen Gerüche besser erkennen können, schnitten die Menschen bei *fünf* der 15 verwendeten Gerüche besser ab.

Würdest du immer noch eher auf deinen Geruchssinn verzichten als auf dein Smartphone oder Tablet? Dir würde wahnsinnig viel entgehen. Ehrlich.

DER MUND

Hast du einen Spiegel zur Hand? Dann schau hinein und mach den Mund weit auf. Du solltest in etwa das hier sehen …

LIPPEN
Praktisch zum Verschließen des Mundes. Vollgepackt mit Berührungsrezeptoren.

ZAHNFLEISCH UND ZÄHNE
Das Zahnfleisch umschließt die Zähne und hilft, sie festzuhalten. (Auf der nächsten Seite sehen wir uns deine Zähne näher an.)

DUNKLES LOCH
Deine Kehle. Durch sie gelangen Essen, Trinken und Luft in deinen Körper.

MANDELN
Die Mandeln sind Teil deines Immunsystems. Sie sind nicht unbedingt notwendig, und bei vielen werden sie nach wiederholten Mandelentzündungen entfernt – was nicht immer hilft. Heute wissen Ärzte mehr über ihre Rolle bei der Krankheitsabwehr und sind mit der Entnahme vorsichtiger als zu der Zeit, als deine Eltern Kinder waren.

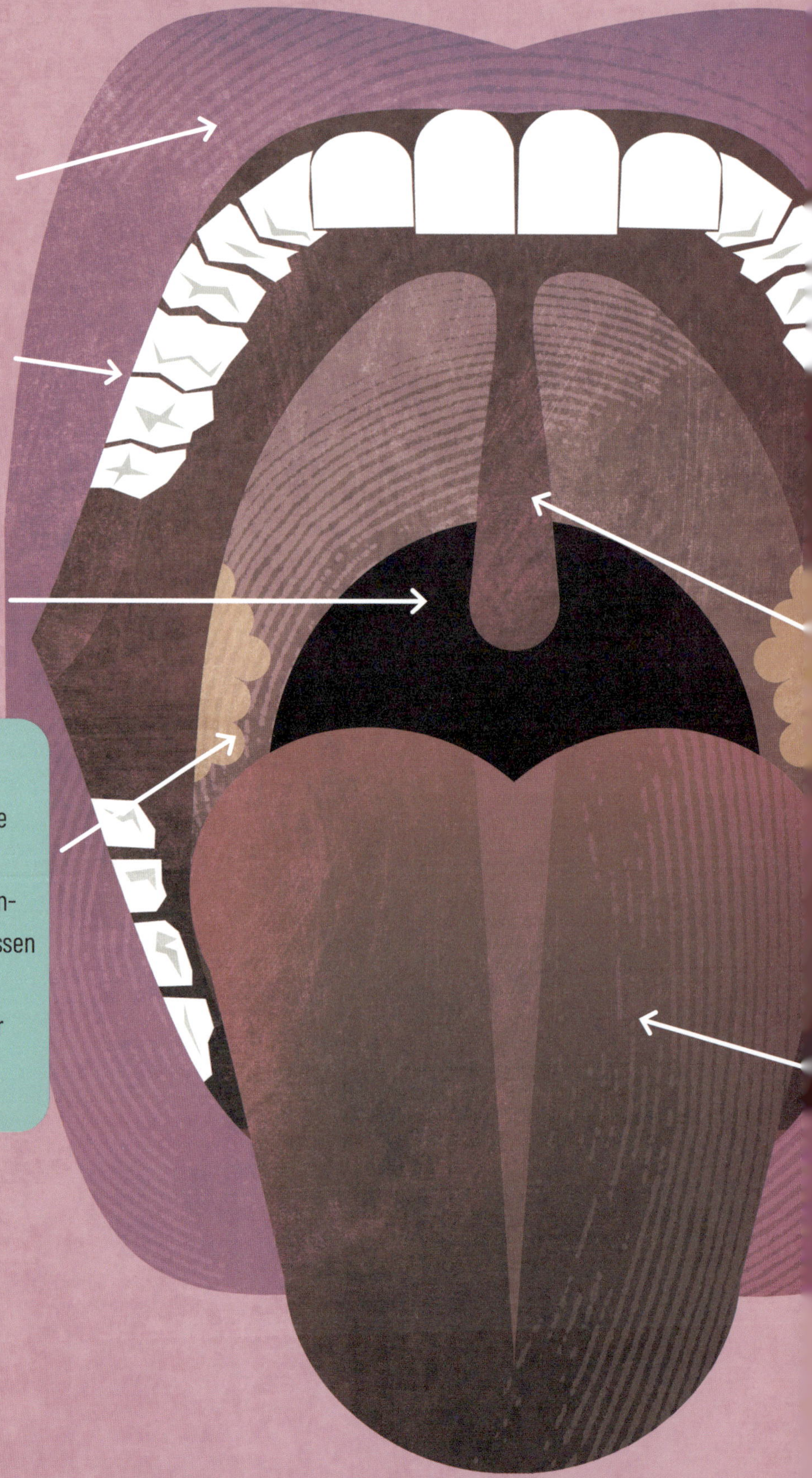

Deine Speicheldrüsen produzieren ca. 1,5 *Liter* am Tag. Jemand hat ausgerechnet, dass man im Leben den Inhalt von 200 Badewannen an Speichel produziert.

Drüsen sind alle Organe im Körper, die Chemikalien freisetzen.

SPEICHELDRÜSEN

Du hast zwölf davon. Speichel besteht fast nur aus Wasser. Der Rest sind Enzyme. Das sind Proteine, die schon anfangen, Zucker aufzuspalten, während du dein Essen kaust.

GAUMENZÄPFCHEN

Keiner weiß genau, wozu es da ist. Es scheint eine Art Spritzlappen für den Mund zu sein. Es verhindert, dass Nahrung beim Husten in die Nase hinaufschießt. Vielleicht spielt es auch eine Rolle beim Sprechen – obwohl Forscher das vielleicht nur glauben, weil wir als einzige Tiere ein Zäpfchen haben.

ZUNGE

Die Zunge besteht fast ganz aus Muskeln, mit einem besonderen Zusatz: dem Geschmack. Die Zunge bewegt die Nahrung beim Kauen im Mund herum und hilft, winziges Zeug dabei herauszusuchen, das du auf keinen Fall schlucken willst. Wie Fischgräten. Oder die Alufolie einer Schokoladentafel. Die Zunge ermöglicht es dir zu sprechen. Am besten nicht mit vollem Mund.

ZÄHNE

Babys und Kleinkinder haben es schwer, wenn ihre ersten Zähne (die Milchzähne) wachsen – und dann fallen sie nach wenigen Jahren schon wieder aus.

Du kennst das auch: Du sitzt in der Schule und es ist so langweilig, dass du mit der Zunge an einem Wackelzahn herumspielst. Plötzlich fällt er heraus, und deine Sitznachbarn kreischen *Igitt!!*

Trotzdem muss das sein. Weil du immer größer wirst, brauchst du auch größere Zähne. Und mehr davon. Bis zum Alter von 10 oder 12 Jahren hast du ungefähr 20 Zähne:

- 8 flache, scharfe **Schneidezähne:** Mit denen trennst du Stücke von einem Butterbrot oder Keks ab oder von einer knackigen Selleriestange (träumen jedenfalls deine Eltern!).
- 4 spitze **Eckzähne:** Die helfen beim Beißen und Kauen.
- 8 **Backenzähne:** zum Kauen und Zermahlen der Nahrung.
- Erwachsene haben außerdem acht **Vormahlzähne** (ebenfalls zum Kauen). Du bekommst sie zwischen zehn und zwölf. Außerdem haben Erwachsene vier zusätzliche Backenzähne. Als Letzte brechen die **Weisheitszähne** durch, selten vor dem 17. Lebensjahr, und es gibt keine Garantie, dass sie dich weise machen.

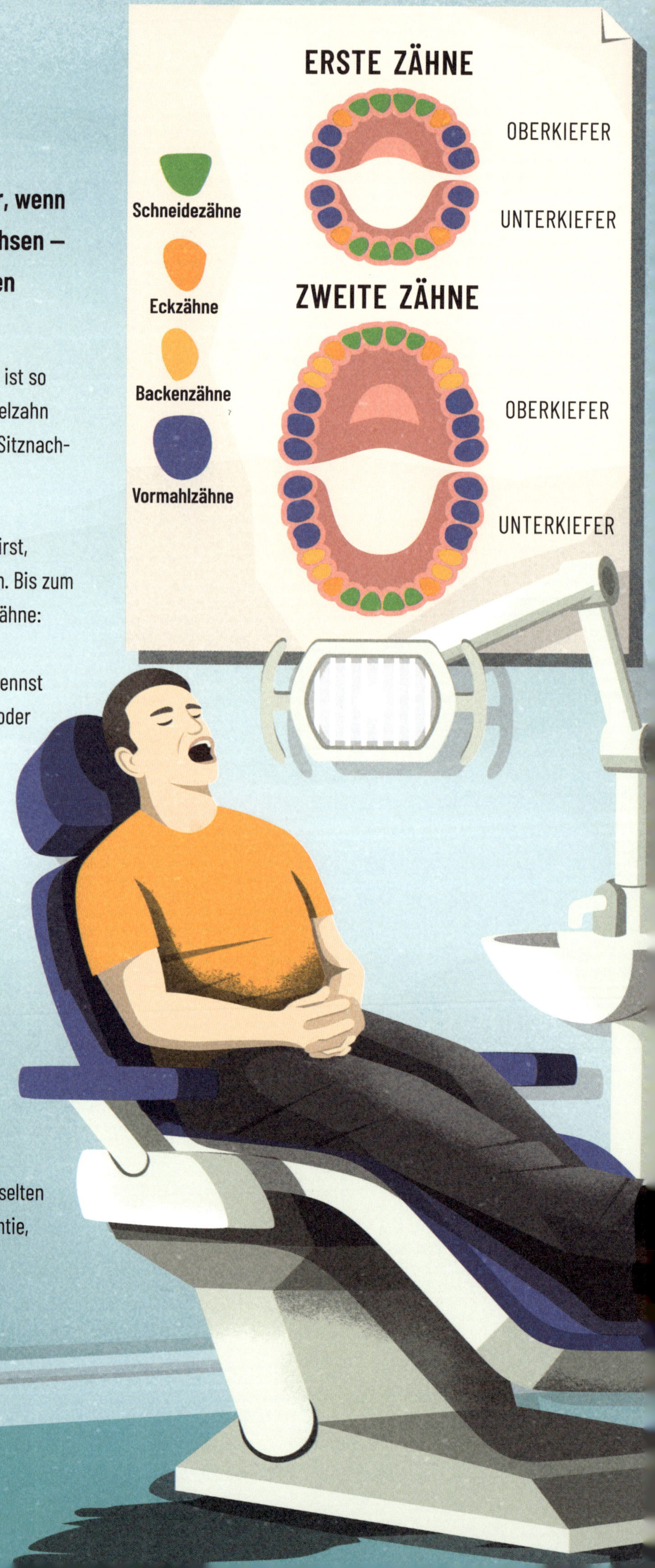

Menschen können ziemlich fest zubeißen – wenn auch nicht so fest wie ein Orang-Utan, dessen Biss *fünfmal* so kräftig ist.

AN ZÄHNEN IST MEHR DRAN, ALS DU SIEHST.

Die weiße äußere Hülle heißt **Zahnschmelz**. Es ist die härteste Substanz in deinem ganzen Körper.

Im Inneren liegt das **Zahnmark** mit der Blutversorgung und den Nerven.

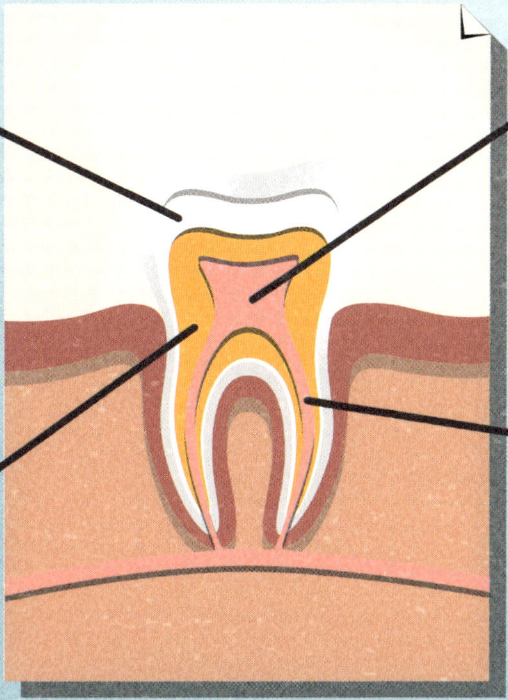

Unter dem Zahnschmelz liegt das **Zahnbein** oder **Dentin**, das nicht ganz so hart ist wie Zahnschmelz. Dentin macht den größten Teil deines Zahns aus.

Die **Wurzeln** verankern den Zahn im Kieferknochen.

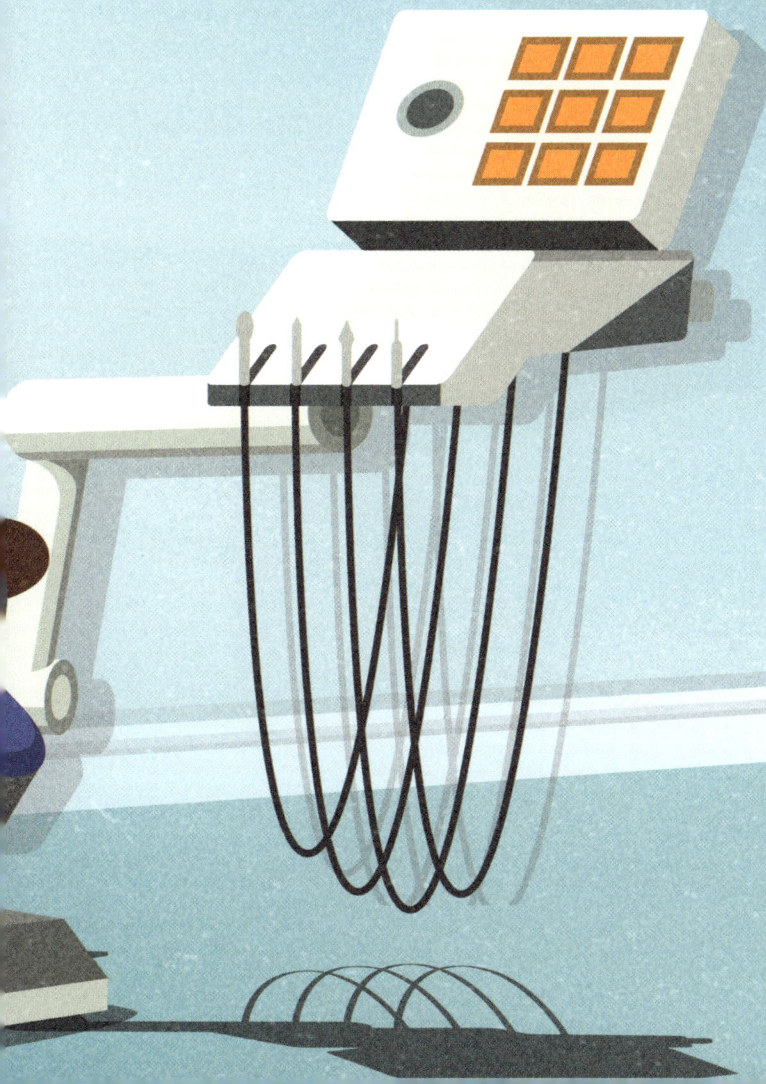

KARIES – ZAHNFÄULE

Weißt du noch, dass ich dir eben erzählt habe, wie dein Speichel schon damit anfängt, den Zucker in der Nahrung zu verdauen? *Mmmm, Zucker!* Wir Menschen lieben ihn – genau wie die Bakterien, die bei uns im Mund leben. Sie stopfen sich damit voll und stoßen dann Säuren aus. Diese Säuren fressen winzige Löcher in unsere Zähne – wir bekommen **Karies**.

Das Risiko für Karies kannst du verringern, indem du deine Zähne regelmäßig putzt, selten Süßes isst und Wasser trinkst statt gezuckerter Getränke.

GESCHMACK

Hast du immer noch einen Spiegel zur Hand? Dann strecke doch mal die Zunge heraus und sieh sie dir genau an.

Die kleinen Hubbel auf der Oberfläche heißen **Papillen.** In ihnen bündeln sich die **Geschmacksknospen** – oder **Rezeptoren** – für den Geschmackssinn.

Geschmack sagt dir, was du schlucken willst ... und was nicht. Du hast fünf Arten von Rezeptoren:

SÜSS: verschiedene Zuckerarten

SALZIG: Salz (natürlich)

SAUER: Säuren, z. B. aus Obst (die auf Vitamin C hinweisen)

BITTER: viele verschiedene Chemikalien haben einen bitteren Geschmack. Manche Gifte aus der Natur beispielsweise, aber auch Medikamente.

UMAMI: Diesen würzigen Geschmack haben z. B. Fleisch, Parmesankäse, Miso (eine Paste aus Sojabohnen) und Tomaten.

Manche Forscher sagen, wir können noch anderes gezielt herausschmecken:

- Wässrig
- Fettig
- Stärkehaltig (wie zum Beispiel Brot)

Aber nur diese ersten fünf werden von allen Wissenschaftlern akzeptiert.

Umami kam als letzte Geschmacksrichtung in diese Gruppe. Das japanische Wort bedeutet »Essenz der Schmackhaftigkeit«. Sie wurde erstmals bei einem japanischen Fischsud namens Dashi beschrieben. Dieser wird aus zwei Dingen gekocht, die nicht unbedingt schmackhaft klingen – Seetang und Flocken von geräuchertem, getrocknetem Thunfisch –, im Essen aber köstlich schmecken.

WARUM SCHMECKT EIN CURRYGERICHT MIT HAUFENWEISE CHILI SO SCHARF?

Schärfe an sich ist kein Geschmacksmerkmal. Neben den Geschmacksrezeptoren gibt es auf deiner Zunge aber Schmerzsensoren, die auf Hitze reagieren. Die Chilischoten enthalten **Capsaicin**, auf das diese Sensoren zufällig ebenfalls stark reagieren. Dein Gehirn *denkt* dann, du hättest dir den Mund verbrannt. Aber eigentlich ist das nur ein Trick. **Richtig, eine Pflanze legt uns rein!**

Vermutlich hat die Chili- und Paprikapflanze das Capsaicin in ihren Schoten zur Verteidigung entwickelt: *Iss mich nicht! Sonst sorge ich dafür, dass du glaubst, dir verbrennt der Mund!* Gegen die meisten Säugetiere hilft das gut – gegen uns Menschen eher nicht. Viele gewöhnen sich mit der Zeit an scharfes Essen, manche lieben es sogar besonders.

Die Schärfe von Chilis wird anhand der **Scoville-Skala** angegeben (nach ihrem Erfinder William Scoville). So schneiden verschiedene Chilisorten ab:

- Gemüsepaprika *(Capsicum):* zwischen 50 und 100 Einheiten
- Peperoni: 2500 – 5000 Einheiten
- Carolina Reaper: 2,2 Millionen Einheiten

Du hast richtig gelesen. Carolina-Reaper-Chilis sind abartig scharf. Das hält manche nicht davon ab, sie zu essen (normalerweise bei Wettbewerben), häufig mit üblen Nebenwirkungen wie Schwindel, Erbrechen und Magenschmerzen. **Danke auch, da bleibe ich doch lieber bei Peperoni.**

SCHLUCKEN ODER SABBERN?

Was machst du alle 30 Sekunden, insgesamt 2000 Mal am Tag? Kommst du drauf?

DU SCHLUCKST.

Bei dem Liter Speichel, den wir jeden Tag bilden, wäre dein Mund ansonsten schnell voll. Manchmal schlucken wir allerdings auch Sachen, die man nicht schlucken sollte. Das passiert nicht nur Kindern, sondern auch Erwachsenen.

Hast du schon einmal von Isambard Kingdom Brunel gehört? Hoffentlich, denn er war einer der bedeutendsten Ingenieure aller Zeiten. Im Frühjahr 1843 allerdings war er wegen einer etwas peinlichen Begebenheit in allen Zeitungen …

DER TRICK, DER SCHIEFGING

Brunel beaufsichtigte gerade den Bau der SS Great Britain, dem damals größten Schiff der Welt. Eines Tages wollte er während einer Pause seine Kinder mit einem Zaubertrick unterhalten. Der lief allerdings nicht ganz wie gedacht.

Brunel hatte eine Goldmünze unter der Zunge versteckt, die er bei der Vorführung versehentlich verschluckte. Sie blieb tief in seiner Luftröhre stecken. Schmerzen hatte er keine, aber er wusste, dass er möglicherweise ersticken würde, wenn sie sich nur leicht verschob.

Während der folgenden Tage versuchten Brunel, seine Freunde, Kollegen, Familie und Ärzte alles Mögliche, um die Münze herauszubekommen. Man klopfte ihm kräftig auf den Rücken und hielt ihn an den Fußgelenken hoch und schüttelte ihn durch. Brunel entwarf sogar eine Art Wippe, in der er, über Kopf hängend, hin- und herbewegt werden konnte. Vergeblich.

HALSABSCHNEIDER

Schon bald war Brunels Missgeschick in aller Munde. Aus ganz England trafen Lösungsvorschläge ein, sogar aus dem Ausland. Der berühmte Arzt Sir Benjamin Brodie versuchte es sogar mit einem Luftröhrenschnitt. Er schnitt ein Loch in Brunels Kehle und versuchte, die Münze herauszuziehen. Ohne Betäubung – so etwas war in England damals noch nicht üblich. Da Brunel dabei fast erstickte, musste Brodie die Operation abbrechen.

Sechs Wochen später probierte es Brunel noch einmal mit seiner Wippe. Und diesmal mit Erfolg. Die Münze rutschte fast augenblicklich heraus und rollte über den Boden. Freunde, Familie und Kollegen waren überglücklich. Bestimmt war auch Brunel froh. Er überstand die Geschichte ohne bleibende Schäden, soll aber, soweit bekannt, niemals wieder eine Münze in den Mund gesteckt haben.

Ich erwähne das alles, um deutlich zu machen, dass der Mund Gefahren birgt. Menschen ersticken häufiger als jedes andere Säugetier. Und trotzdem stecken wir immer wieder alles Mögliche (und Unmögliche) in den Mund ...

CHEVALIER JACKSON UND SEINE GESAMMELTEN FREMDKÖRPER

Chevalier Quixote Jackson war ein amerikanischer Arzt und lebte von 1865 bis 1958. Er war besessen von Dingen, die Menschen verschluckt oder eingeatmet hatten.

Fremdkörper hat nichts mit den Körpern von Menschen aus anderen Ländern zu tun. Es sind Dinge von außen, die nicht in den Körper gehören, aber trotzdem in ihm drinstecken.

Jackson erfand jede Menge Instrumente und Methoden, um diese Gegenstände zu entfernen. In seinen fast 75 Berufsjahren sammelte er 2374 derartige Objekte. Im Untergeschoss des Mütter Museum in Philadelphia kann man seine erstaunliche Sammlung besichtigen. Dort finden sich, ob man es glaubt oder nicht:

- Eine Armbanduhr
- Ein Rosenkranz mit Kruzifix
- Ein Miniaturfernglas
- Ein kleines Vorhängeschloss
- Eine Spielzeugtrompete
- Ein großer Fleischspieß
- Mehrere Löffel
- Ein Heizkörperschlüssel
- Ein Poker-Chip
- Ein Medaillon mit der Aufschrift »Glücksbringer«

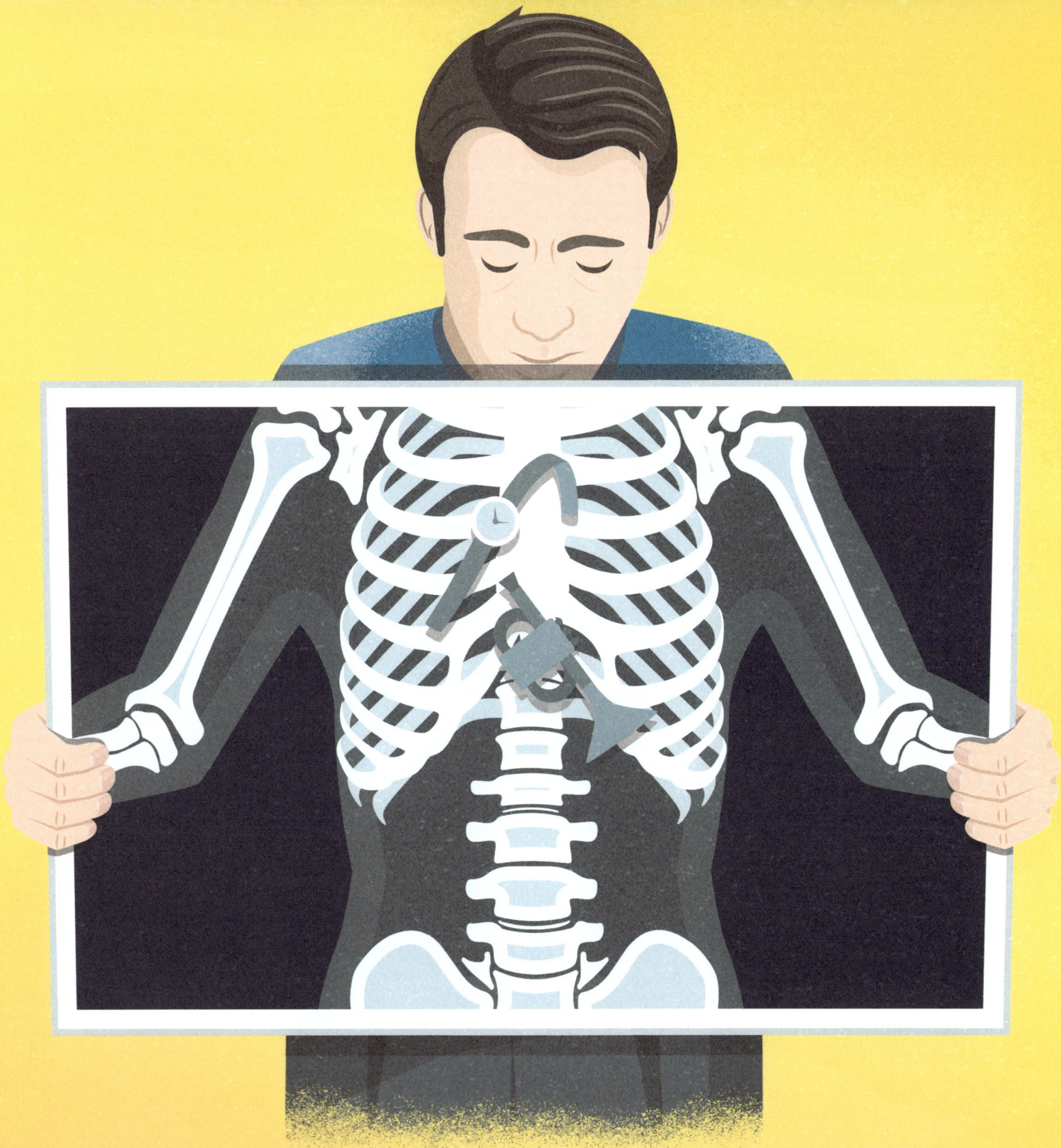

Nach allem, was man hört, war Jackson nicht besonders freundlich. Er berichtete allerdings von der Begegnung mit einem jungen Mädchen in seiner Praxis. Er hatte eine graue Masse – möglicherweise Nahrung, vielleicht auch abgestorbenes Gewebe – aus ihrem Hals entfernt, die sie mehrere Tage am Schlucken gehindert hatte.

Als die Masse entfernt war, hielt eine Krankenschwester ihr ein Glas Wasser hin. Das Mädchen nippte vorsichtig und das Wasser ging hinunter. Zuversichtlich nahm sie einen größeren Schluck. »Dann«, schrieb Jackson, »reichte sie das Glas behutsam an die Schwester zurück, fasste meine Hand und küsste sie.« Von all den Gelegenheiten, bei denen er Patienten etwas aus dem Hals geholt hatte, war es das einzige Mal, dass er eine Emotion gezeigt hatte!

Jackson rettete Hunderten von Menschen das Leben und brachte auch anderen bei, zahllose Leben zu retten. Heute kennt ihn kaum noch jemand. Aber du jetzt schon. Und nun lege bitte diese Spielzeugtrompete weg.

SPRECHEN

Wer ist die größte Labertasche in deiner Klasse? Manche Leute reden einfach mehr als andere. Aber wir alle brauchen eine ganze Menge Koordination, um auch nur ein einziges Wort auszusprechen:

- Dazu muss Luft in winzigen Stößen aus der Lunge gepresst werden, und das genau zur richtigen Zeit.
- Zunge, Zähne und Lippen müssen diese Luftstöße so steuern, dass Worte aus dem Mund kommen – nicht bloß ein Grunzen.

Dass wir sprechen (und verstanden werden), liegt nicht nur an unserem großen Gehirn. Schimpansen sind auch ziemlich intelligent. Sie können aber ihre Zunge und Lippen nicht so bewegen, wie es nötig ist, um komplizierte Geräusche entstehen zu lassen.

Selbst bei uns dauert es eine ganze Weile, bis wir es können. Auch Zwei- oder Dreijährige haben oft Schwierigkeiten, selbst ein Wort, das sie schon kennen, richtig auszusprechen. Deswegen klingen sie so niedlich (oder frustrierend, je nachdem wie man's nimmt!).

Die Hauptrolle beim Sprechen spielt der **Kehlkopf** (oder Larynx). Im Grunde ist er ein Hohlraum, der sich auf 3-4 cm auf beiden Seiten weiten kann. Darin und außen herum sind:

- 9 Knorpel
- 6 Muskeln
- 8 Bänder, darunter auch die beiden **Stimmbänder** – die aber eigentlich **Stimmlippen** heißen.

VOM KNATTERN ZUM SINGEN

Wird Luft durch die Stimmbänder gepresst, dann knattern und flattern sie wie eine Fahne im Sturm. Dabei entsteht eine Reihe von Geräuschen, die zur Verfeinerung in den Mund weiterwandern.

Wir können natürlich nicht nur sprechen, sondern auch singen. Ja, neben einem Fallrohr für Burger und Getränke und einer Luftröhre ist dein vielbeschäftigter Hals auch noch ein Musikinstrument!

STOTTERN

Wenn man weiß, wie kompliziert das Sprechen ist, wundert es nicht, dass manche Menschen das nicht alles gleichzeitig hinbekommen. Etwa 4 von 100 Kindern stottern. Niemand weiß, weshalb. Oder warum verschiedene Menschen über unterschiedliche Buchstaben stolpern. Oder warum manche Menschen, die stottern, kein Problem haben, wenn sie ihre Worte singen, in einer Fremdsprache reden oder mit sich selbst.

ATMEN

Wir wissen, dass unser Hals als Windkanal dient. Aber wir haben uns noch nicht angesehen, wie man eigentlich atmet. Du findest, das ist doch klar? Aber auch hier gilt: Je genauer man hinsieht, desto merkwürdiger wird es ...

LUFT STRÖMT EIN ...

Wenn Luft durch die Nase in deinen Körper kommt, wird sie in der Nasenhöhle befeuchtet, gereinigt und angewärmt. In der Nasenhöhle sitzen auch die Riechzellen.

Wenn Luft durch Mund oder Nase eingeströmt ist, wandert sie die Luftröhre hinunter.

Die Luftröhre teilt sich in zwei Äste, die **Bronchien**. Eine Bronchie führt zum linken Lungenflügel, die andere zum rechten.

In der Lunge verästeln sich die Bronchien in sogenannte **Bronchiolen**. Sie enden in Millionen traubenförmiger **Lungenbläschen** (oder Alveolen). Und diese sind von winzigen Blutgefäßen umgeben.

Jeden Tag atmest du ungefähr 25 000 Mal ein und wieder aus. Bei jedem Atemzug nimmst du etwa 25 Trilliarden (25 000 000 000 000 000 000 000) Sauerstoffmoleküle auf.

Plötzlich kitzelt es dich in der Nase und ... Hatschi! Mit dem Niesen hast du eine Wolke von Tröpfchen auf den Weg geschickt, die jeden bis in eine Entfernung von acht Metern trifft. Also praktisch alle in deinem Klassenzimmer.

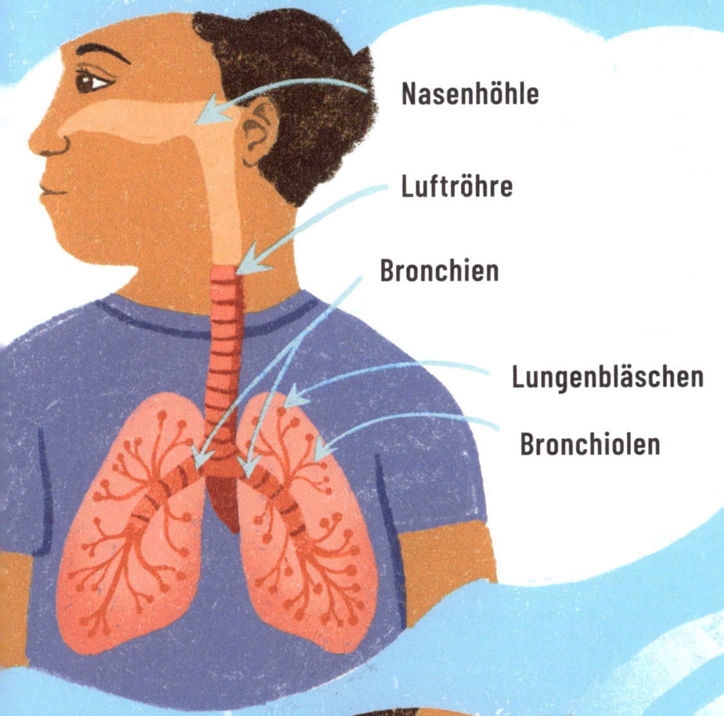

Der Sauerstoff (rote Pfeile) bewegt sich durch Lücken in den Wänden der Lungenbläschen in die Blutgefäße. Das Abfallprodukt Kohlendioxid (CO_2, blau) wandert in die entgegengesetzte Richtung, vom Blut zurück in die Luft, die du ausatmest.

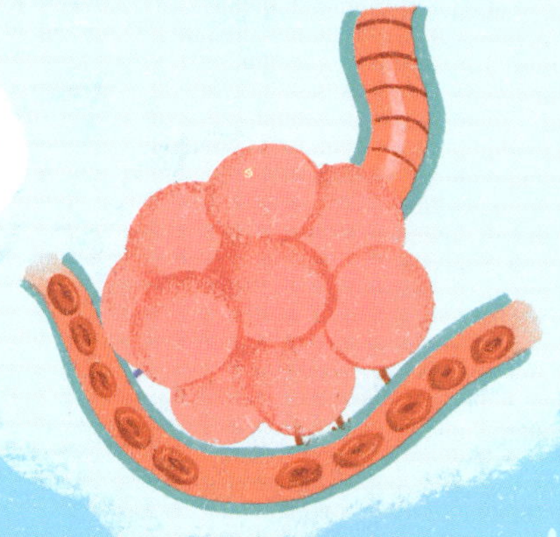

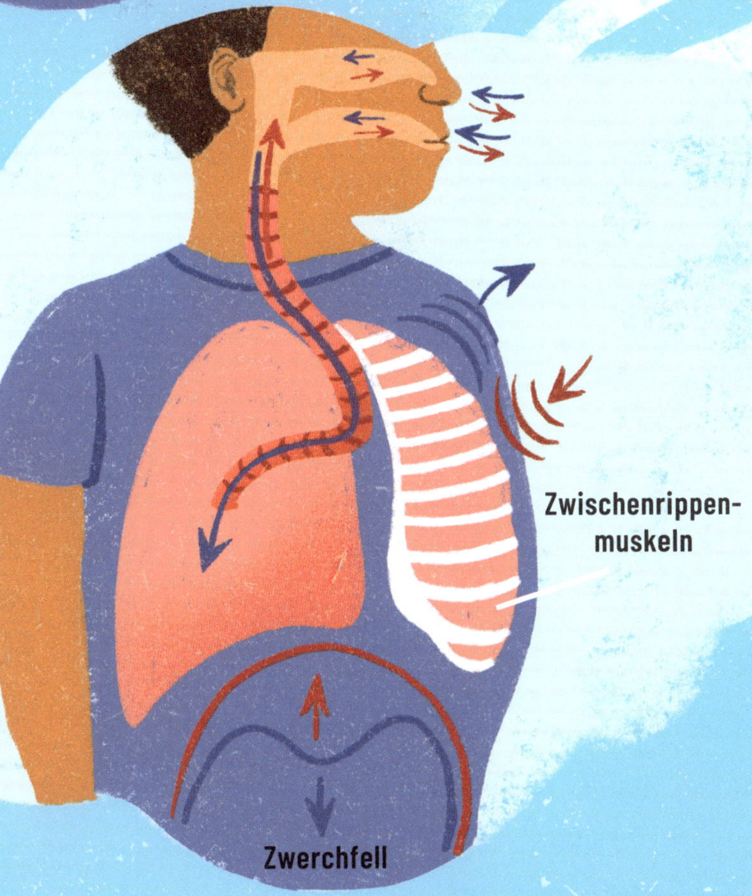

Deine Lunge saugt nicht allen Sauerstoff aus deiner Atemluft. Diese enthält vor dem Einatmen 21 % Sauerstoff (und 0,03 % CO_2), nach dem Ausatmen 16 % Sauerstoff (und 4 % CO_2).

WENN DU LUFT HOLST ...

... bewegt sich dein **Zwerchfell** – eine kräftige Muskelschicht gleich unterhalb der Lungen – abwärts. Gleichzeitig ziehen deine **Zwischenrippenmuskeln** die Rippen nach oben und außen. Dadurch weitet sich dein Brustkorb und Luft wird eingesaugt.

BEIM AUSATMEN ...

... entspannen sich Zwerchfell und Zwischenrippenmuskeln. Der Raum in deinem Brustkorb wird enger und Luft wird nach außen gepresst.

JETZT HALT MAL DIE LUFT AN!

Wir Menschen sind im Luftanhalten ganz schön schlecht. Unsere Lunge fasst etwa sechs Liter Luft, aber normalerweise atmen wir bei jedem Atemzug nur etwa einen halben Liter ein.

Am längsten freiwillig den Atem angehalten hat der Spanier Aleix Segura i Vendrell im Februar 2016 in einem Schwimmbad in Barcelona mit 24 Minuten und 3 Sekunden. Allerdings hatte er zuvor eine Weile reinen Sauerstoff geatmet. Außerdem lag er regungslos im Wasser, während er die Luft anhielt. Vierundzwanzig Minuten hören sich beeindruckend an – allerdings nicht für Robben. Manche von ihnen können zwei Stunden unter Wasser bleiben.

Wenn du das Gefühl hast, Luft holen zu müssen, liegt das nicht am Sauerstoffmangel, sondern daran, dass sich Kohlendioxid in deinem Blut angereichert hat. Deswegen atmet man nach dem Luftanhalten auch erst einmal aus.

ASTHMA

Etwa 300 Millionen Menschen auf der Welt haben Asthma – Kinder häufiger als Erwachsene. In einer Schulklasse von 30 Kindern leiden im Durchschnitt 5 an Asthma.

WAS IST ASTHMA?

Bei einem Asthmaanfall verengen sich die Luftwege, und das Ein- und besonders das Ausatmen wird schwierig.

WAS IST DIE URSACHE?

Hören wir dazu Neil Pearce, Asthmaexperte an der Londoner Hochschule für Hygiene und Tropenmedizin.

Viele glauben, Asthma würde durch Staubmilben, Katzen, Chemikalien, Zigarettenrauch oder Luftverschmutzung verursacht. Meine wichtigste Erkenntnis nach 30 Jahren Asthma-Forschung ist wahrscheinlich, dass die bekannten Faktoren zwar einen Anfall auslösen können, wenn man bereits Asthma hat, aber sie sind nicht die Ursache. Im Grunde wissen wir nicht, was Asthma wirklich hervorruft. Und wir können der Erkrankung nicht vorbeugen.

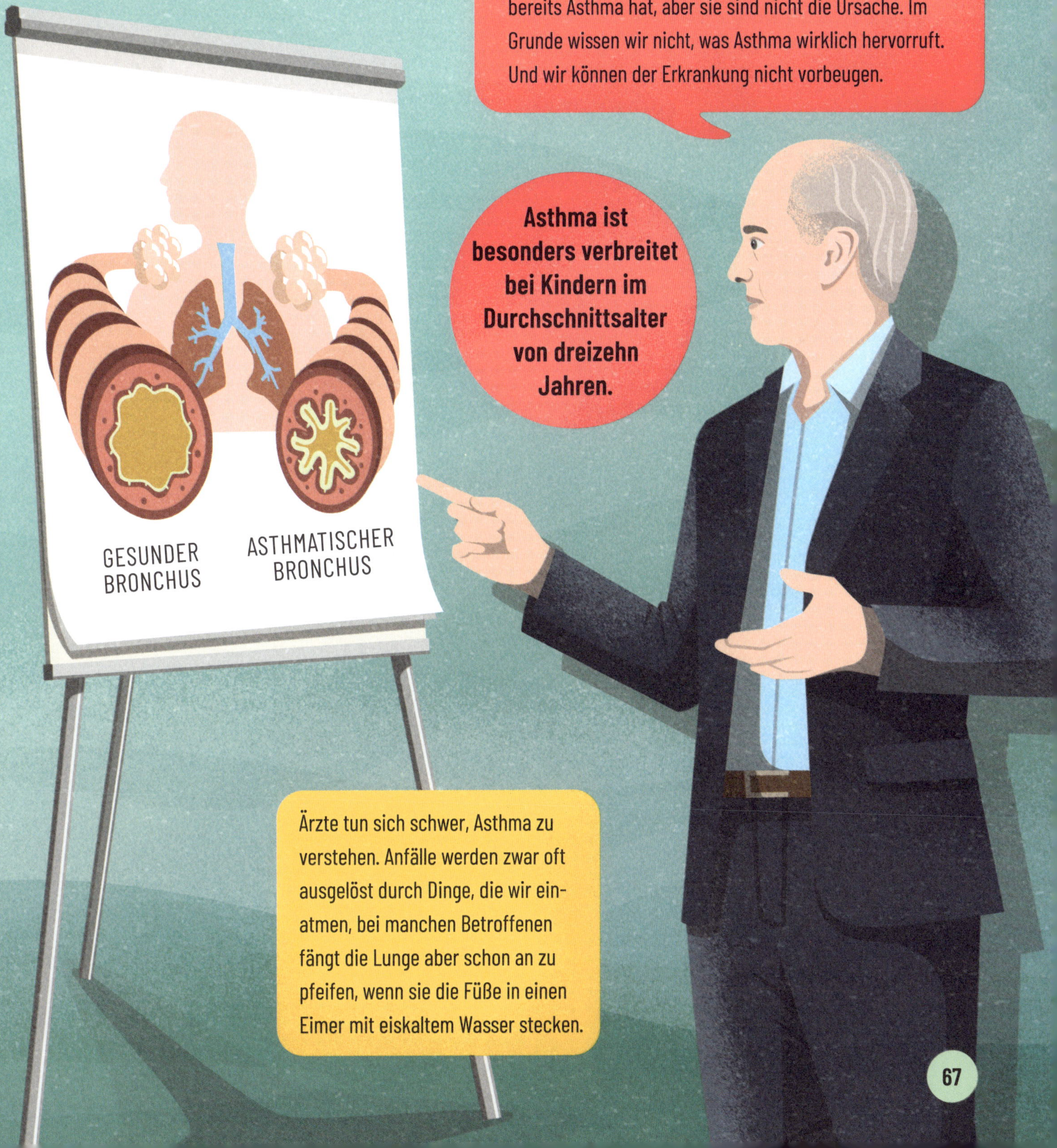

Asthma ist besonders verbreitet bei Kindern im Durchschnittsalter von dreizehn Jahren.

Ärzte tun sich schwer, Asthma zu verstehen. Anfälle werden zwar oft ausgelöst durch Dinge, die wir einatmen, bei manchen Betroffenen fängt die Lunge aber schon an zu pfeifen, wenn sie die Füße in einen Eimer mit eiskaltem Wasser stecken.

SCHLAFEN

Von allem, was wir tun, ist Schlafen das Rätselhafteste. Wir verbringen ein volles Drittel unseres Lebens damit und wissen, dass es lebensnotwendig ist; aber warum wir es tun, wissen wir nicht.

Schlafen ist offensichtlich mehr als ausruhen. Selbst Winterschlaf ist kein Ersatz für Schlaf. Ein Tier ist während des Winterschlafs nicht bei Bewusstsein; es nimmt überhaupt nichts wahr. Doch selbst während des Winterschlafs durchläuft es jeden Tag eine ganz normale Schlafphase von mehreren Stunden.

WAS ALSO IST SCHLAF?

Nacht für Nacht durchleben wir immer wieder verschiedene Schlafphasen. Bei Kindern dauert ein solcher Zyklus zwischen 45 und 60 Minuten. Der Schlafzyklus von Erwachsenen beträgt etwa anderthalb Stunden.

PHASE 1

Leichter Schlaf. Man kann dich leicht wecken.

PHASE 2

Deine Muskeln entspannen sich noch mehr. Über Elektroden an deinem Kopf könnten in deinem Gehirn jetzt erste langsame elektrische Wellen gemessen werden.

Wir sind nachts unruhiger, als wir glauben. Die meisten drehen sich nachts 30 – 40 Mal um oder verändern ihre Lage.

PHASE 3

Tiefschlaf mit überwiegend langsamen elektrischen Wellen. Selbst ein bellender Hund würde dich jetzt nicht unbedingt wecken. Du träumst wahrscheinlich auch ein bisschen.

Manche Vögel und Meeressäugetiere können die Hälfte ihres Gehirns abschalten. So kann eine Hälfte wachsam bleiben, während die andere träumt.

REM- ODER TRAUMSCHLAF

Du bewegst deine Augen schnell (engl.: **R**apid **E**ye **M**ovement) – es ist die Phase mit den meisten Träumen. Danach beginnst du den Zyklus wieder von vorn mit Phase 1.

DU TRÄUMST WOHL!

Warum bewegen sich in der REM-Phase unsere Augen? Eine Möglichkeit ist, dass wir unsere Träume »beobachten«. Träume können schön sein, aber auch erschreckend. Neueren Studien zufolge haben solche Albträume durchaus ihren Zweck: Sie sorgen offenbar dafür, dass wir im Wachzustand weniger ängstlich sind. Forscher glauben, dass Albträume wie ein Videospiel wirken, das dich darauf vorbereitet, mit einer anrückenden Horde von Zombies fertig zu werden oder einem wütenden Lehrer – je nachdem, was für dich schlimmer ist.

Bei Babys und Kleinkindern sind die REM-Phasen viel länger. Außerdem schlafen sie ohnehin viel mehr. Mit drei Jahren hat ein Kind mehr Zeit schlafend zugebracht als wach. Wissenschaftler glauben daher, dass Schlaf – und insbesondere REM-Schlaf – wichtig für die Entwicklung des Gehirns ist.

Das Robert-Koch-Institut empfiehlt für Kinder folgende Schlafdauer :

- 3–5 Jahre: 10–13 Stunden pro Tag
- 6–12 Jahre: 9–12 Stunden
- 13–18 Jahre: 8–10 Stunden

Die besten Tipps für guten Schlaf:

- Keine Bildschirme im Schlafzimmer.
- Ein dunkles, stilles Schlafzimmer.
- Wenn deine Vorhänge zu viel Licht durchlassen, bitte um dickere Vorhänge.
- Eine Zimmertemperatur zwischen 16 und 20 °C.

DAS HERZ

Dein Herz hat nur eine Aufgabe, und bei den meisten Menschen erledigt es sie ganz hervorragend: Es schlägt.

Dein Herz hätte allen Grund, damit anzugeben, wie gut es seine Aufgabe erfüllt. Es schlägt etwas mehr als einmal pro Sekunde, also ungefähr 100 000 Mal am Tag. Das macht insgesamt etwa 3,5 Milliarden Mal im Leben.

Jeder einzelne Schlag ist dabei so stark, dass er dein Blut bis zu drei Meter weit spritzen lassen könnte. In der Stunde pumpt dein Herz etwa 260 Liter Blut. Damit bewegt dein Körper am Tag mehr Blut, als ein Auto im Jahr Benzin verbraucht …

DAS HERZ SCHAFFT DAS ALLES, OBWOHL ES NUR SO GROSS WIE EINE GRAPEFRUIT IST.

Es besitzt vier Kammern: zwei **Vorhöfe** und zwei **Herzkammern**. Das Blut tritt durch die Vorhöfe ins Herz ein und verlässt es durch die Herzkammern.

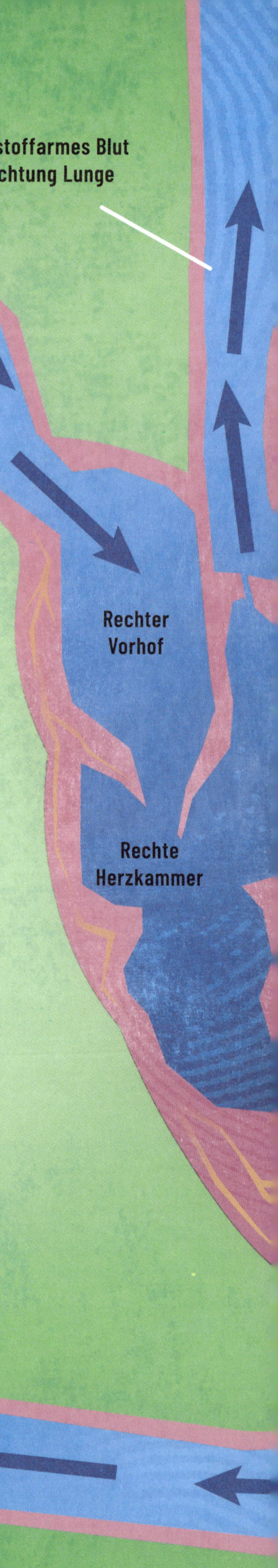

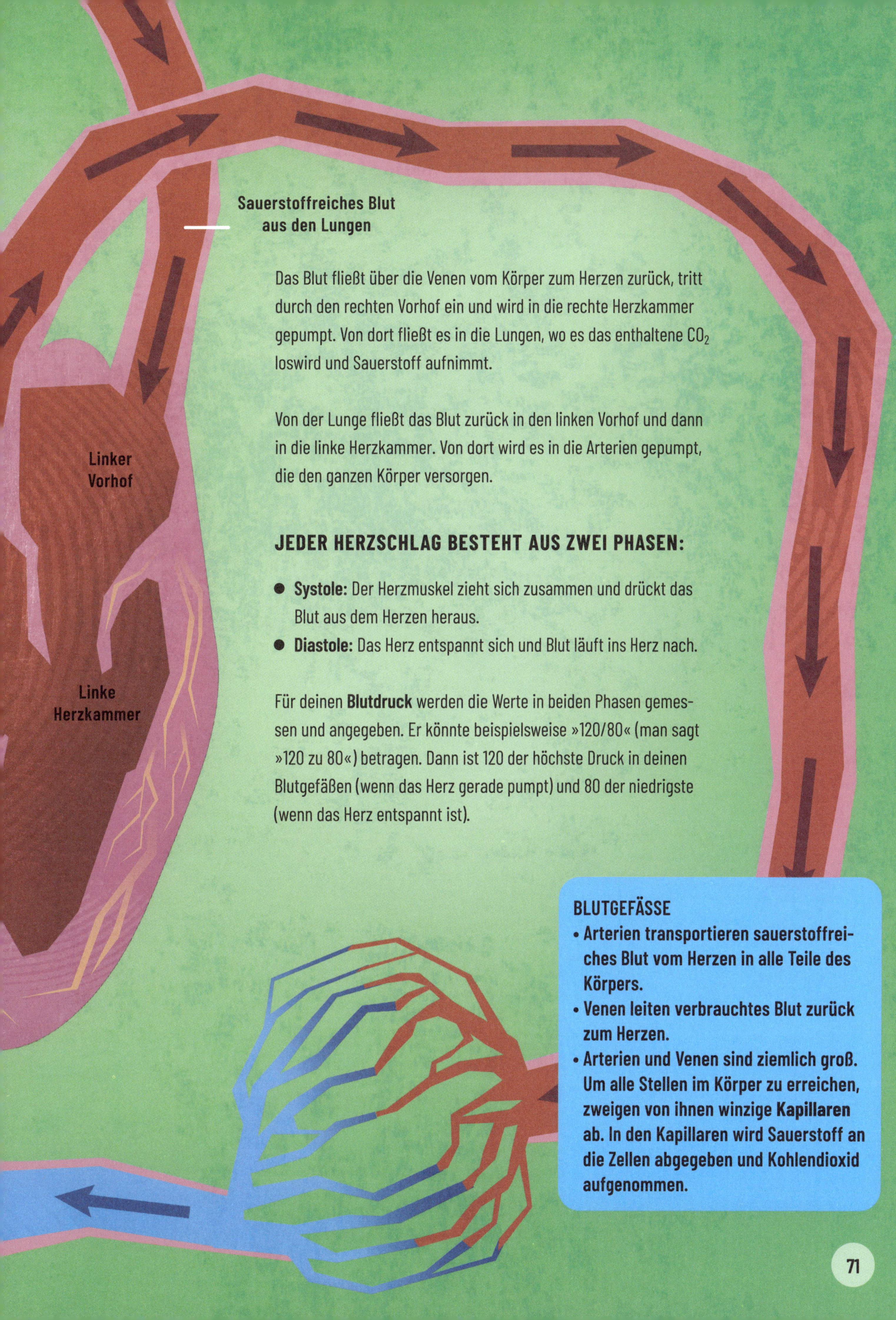

Das Blut fließt über die Venen vom Körper zum Herzen zurück, tritt durch den rechten Vorhof ein und wird in die rechte Herzkammer gepumpt. Von dort fließt es in die Lungen, wo es das enthaltene CO_2 loswird und Sauerstoff aufnimmt.

Von der Lunge fließt das Blut zurück in den linken Vorhof und dann in die linke Herzkammer. Von dort wird es in die Arterien gepumpt, die den ganzen Körper versorgen.

JEDER HERZSCHLAG BESTEHT AUS ZWEI PHASEN:

- **Systole:** Der Herzmuskel zieht sich zusammen und drückt das Blut aus dem Herzen heraus.
- **Diastole:** Das Herz entspannt sich und Blut läuft ins Herz nach.

Für deinen **Blutdruck** werden die Werte in beiden Phasen gemessen und angegeben. Er könnte beispielsweise »120/80« (man sagt »120 zu 80«) betragen. Dann ist 120 der höchste Druck in deinen Blutgefäßen (wenn das Herz gerade pumpt) und 80 der niedrigste (wenn das Herz entspannt ist).

BLUTGEFÄSSE

- **Arterien transportieren sauerstoffreiches Blut vom Herzen in alle Teile des Körpers.**
- **Venen leiten verbrauchtes Blut zurück zum Herzen.**
- **Arterien und Venen sind ziemlich groß. Um alle Stellen im Körper zu erreichen, zweigen von ihnen winzige Kapillaren ab. In den Kapillaren wird Sauerstoff an die Zellen abgegeben und Kohlendioxid aufgenommen.**

HERZEN HEILEN

Tier	Elefant	Kuh	Maus
Schläge pro Minute	30	50–80	600

HERZSCHLAG

Säugetiere haben sehr unterschiedliche Herzschlagraten. Sie werden als Puls gemessen. Etwas unheimlich ist dabei die Tatsache, dass trotzdem alle Säugetiere insgesamt auf etwa 800 Millionen Herzschläge im Leben kommen. Alle außer uns Menschen. Wir lassen die Marke von 800 Millionen Herzschlägen schon mit etwa 25 Jahren hinter uns. Und wenn wir Glück haben, leben wir noch einmal 50 Jahre, mit weiteren 1,6 Milliarden Herzschlägen.

Um diese hohe Zahl zu erreichen, braucht das Herz mancher Menschen Hilfe. Das können Medikamente sein. Bei anderen müssen Probleme mit einer Operation gelöst werden. Dazu finden sich in der Geschichte der Entwicklung der modernen Herzmedizin eine Reihe von schier unglaublichen Geschichten.

WERNER FORSSMANN

Im Jahr 1929 fragte sich der frisch zugelassene Arzt, ob er mit einem dünnen Plastikschlauch wohl bis ins Herz kommen würde. Ohne zu wissen, was passieren würde, schob er sich den Schlauch in eine Arterie seines Arms. Er schob immer weiter, bis die Schlauchspitze in sein Herz eintrat. Nun fiel ihm ein, dass er auch beweisen müsste, was er gerade getan hatte. Also ging er – den Schlauch immer noch im Herzen – seelenruhig zu einer anderen Krankenhausstation hinüber, um ein Röntgenbild machen zu lassen. Forssmanns Methode war der Beginn eines neuen Zeitalters der Herzchirurgie.

JOHN H. GIBBON

In den 1930er Jahren arbeitete Gibbon an einer Maschine, die während einer Herzoperation dem Blut Sauerstoff zuführen sollte. Dazu musste er herausfinden, wie stark sich Blutgefäße im Körper (für größeren Durchfluss) weiten und wie stark sie sich (für einen geringeren Durchfluss) zusammenziehen konnten. Er steckte sich ein Thermometer in den Po und schluckte einen Schlauch, der bis in seinen Magen reichte. Durch diesen ließ er eiskaltes Wasser gießen, um zu sehen, was passiert. Im Jahr 1953, nach mehr als 20 Jahren harter Arbeit – und viel klaglos geschlucktem Eiswasser –, konnte er der Öffentlichkeit endlich das Ergebnis vorstellen: die welterste Herz-Lungen-Maschine.

CHRISTIAAN BARNARD

Barnard war im südafrikanischen Kapstadt als Chirurg tätig. Im Jahr 1967 führte er ein Team an, das die erste Herztransplantation beim Menschen durchführte. Dabei wurde dem 54-jährigen Louis Washkansky das Herz einer bei einem Verkehrsunfall ums Leben gekommenen Frau in die Brust eingepflanzt. Washkansky starb schon 18 Tage später. Im Lauf der Zeit wurde der Eingriff aber immer weiter verbessert, und heute werden im Jahr etwa 4000 Herztransplantationen durchgeführt. Die Patienten leben mit ihrem neuen Herzen im Durchschnitt weitere 15 Jahre.

UND ALS NÄCHSTES?

Ein Herz, das einem Herzkranken angeboten wird, nennt man ein **Spenderherz**. Die gespendeten menschlichen Herzen reichen allerdings nicht für alle Bedürftigen aus. Manche Ärzte halten die Herzen von Tieren für eine mögliche Lösung. Im Jahr 2022 erhielt der 57-jährige David Bennett als erster Mensch ein Schweineherz. Die Wissenschaftler veränderten die DNA des Spenderschweins, damit Bennetts Immunsystem das Organ besser tolerierte. Leider starb er zwei Monate später. Die Ärzte glauben, schuld daran könnte ein Virus sein, das später im Schweineherz nachgewiesen wurde.

BLUT – EIN BESONDERER SAFT

Was macht man mit einer schwer kranken Person? Es mag sich erschreckend anhören, aber früher hat man eine kleine Stelle am Körper aufgeschnitten und etwas Blut auslaufen lassen.

Heute würde man so etwas natürlich nicht mehr tun. Dieses Vorgehen war aber sehr lange Zeit gängige medizinische Praxis. Der sogenannte Aderlass sollte nicht nur Krankheiten heilen, sondern auch beruhigen. Und alle glaubten daran – selbst königliche Hoheiten.

- Friedrich der Große wurde vor wichtigen Schlachten »zur Ader gelassen«, um seine Nerven zu beruhigen.
- Die Schalen, in denen das Blut aufgefangen wurde, wurden in den Familien gehütet und von Generation zu Generation weitervererbt!

Aber keiner war von alldem so besessen wie …

DER KÖNIG DES ADERLASSES

Der berühmteste Verfechter dieser Praxis war ein Amerikaner namens Benjamin Rush, der im 18. Jahrhundert lebte. Er glaubte, alle Krankheiten entstünden durch überhitztes Blut, und er dachte, der Aderlass würde das Blut kühlen. Seine Begeisterung war so groß, dass er seinen Opfern zwei oder dreimal am Tag Blut abnahm – insgesamt bis zu vier Liter.

Unglücklicherweise glaubte er, dass:

A. Menschen doppelt so viel Blut besitzen, wie es tatsächlich der Fall ist.

B. Er seinen Patienten etwa 80 % ihres Blutes abnehmen könne, ohne ihnen Schaden zuzufügen.

Ich glaube, du kannst dir die Folgen ausmalen …

Er machte immer weiter. Während einer Gelbfieber-Epidemie in Philadelphia nahm er Hunderten von Menschen Blut ab und war davon überzeugt, viele von ihnen gerettet zu haben. Dabei war es ihm in Wirklichkeit lediglich nicht gelungen, sie umzubringen.

Im Jahr 1813 bekam Rush, inzwischen 67 Jahre alt, selbst Fieber. Als er sich nicht erholte, drängte er seine Ärzte, ihn zur Ader zu lassen. Das taten sie. Und er starb.

Erst um 1900 begannen die Ärzte, das Blut wirklich zu verstehen. Es begann mit der Entdeckung eines wissbegierigen jungen Wiener Mediziners namens Karl Landsteiner.

Landsteiner fiel auf, dass Blut von verschiedenen Menschen beim Vermischen manchmal verklumpte (das war schlecht), aber manchmal auch nicht (das war gut). Durch sorgfältige Beobachtungen kam er zu dem Ergebnis, dass es im Wesentlichen drei **Blutgruppen** gibt. Heute nennen wir sie A, B und 0 (Null).

Zwei Wissenschaftler aus seinem Labor erkannten noch eine weitere Blutgruppe: AB.

So bestimmt man die Blutgruppe:

- In ihrem Inneren sind alle Blutkörperchen gleich. Aber bei Menschen mit der Blutgruppe A befindet sich ein »A«-Protein auf der Oberfläche. Bei Menschen mit Blutgruppe B ist es ein »B«-Protein. Menschen mit Blutgruppe AB haben beide, Menschen mit Gruppe 0 keines.

- Dein Immunsystem weiß, welche Schlüsselproteine deine Zellen auf der Oberfläche haben sollten. Wenn es fremde Proteine entdeckt (also Proteine einer anderen Blutgruppe), dann greift es diese Zellen an – und das Blut verklumpt.

Die Entdeckung der Blutgruppen war enorm wichtig, denn sie erklärte, warum Bluttransfusionen zuvor so oft missglückt waren: Blutspender und -empfänger hatten einfach verschiedene Blutgruppen.

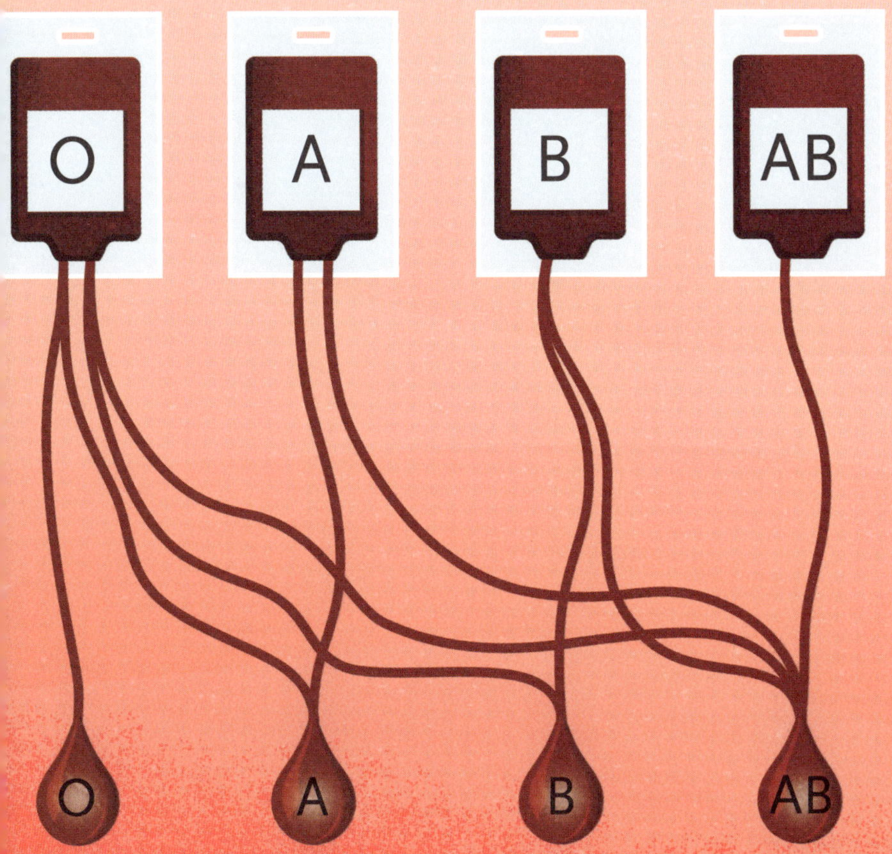

Die Ärzte erkannten:

- Menschen mit Blutgruppe A können spenden an Menschen mit Blutgruppe A oder AB, aber nicht an Menschen mit Blutgruppe B.
- Menschen mit Blutgruppe B können spenden an Menschen mit B oder AB, aber nicht mit A.
- Menschen mit Blutgruppe AB können nur an andere Menschen mit Blutgruppe AB spenden.
- Menschen mit Blutgruppe 0 können an alle anderen spenden. Deshalb nennt man sie **Universalspender**.

BLUTIGE TATSACHEN

Wir alle wissen, dass Blut Sauerstoff in unsere Zellen transportiert. Aber es macht noch viel mehr. Es:

- transportiert Hormone (Botenmoleküle des Körpers – darüber reden wir gleich noch) und andere lebenswichtige chemische Substanzen.
- transportiert Abfallprodukte weg.
- transportiert Bestandteile des Immunsystems, die gefährliche Eindringlinge aufspüren und töten.
- sorgt dafür, dass Sauerstoff dorthin gelangt, wo der Körper ihn gerade am dringendsten braucht (wie deine Beinmuskeln, während du rennst).
- hilft dir, die Körpertemperatur konstant zu halten, damit es dir nicht zu warm oder zu kalt wird.

Hämoglobin ist ein Held unter den Proteinen – allerdings mit einem düsteren Verlangen nach etwas sehr Gefährlichem: Kohlenmonoxid (CO). Wenn es welches findet, stopft es so viel wie möglich davon zusammen. Wie Pendler in einen Zug zu Stoßzeiten. Sauerstoff lässt es auf dem Bahnsteig stehen. Deshalb ist Kohlenmonoxid für Menschen tödlich – in ihrem Körper wird nicht mehr genug Sauerstoff transportiert.

BLUT HAT VIER HAUPTBESTANDTEILE:

Name: Rote Blutkörperchen
Machen 44 % deines Blutes aus.

Ein Teelöffel deines Blutes enthält etwa 25 Milliarden rote Blutkörperchen. Und sie haben alle *eine* Aufgabe: Sauerstoff zu transportieren. Den verteilen sie im Körper mithilfe eines Proteins namens Hämoglobin. Ein rotes Blutkörperchen lebt ungefähr vier Monate. In dieser Zeit wandert es etwa 150 000 Mal durch deinen Körper und legt dabei 150 Kilometer zurück. Dann ist es alt und kaputt. Im Knochenmark wird es neu gebildet.

Name: Weiße Blutkörperchen
Machen weniger als 1 % deines Blutes aus.

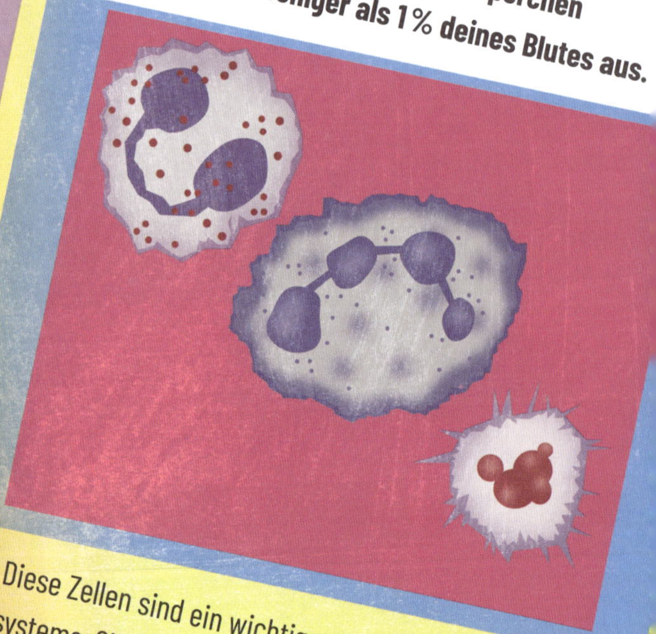

Diese Zellen sind ein wichtiger Teil deines Immunsystems. Sie sind entscheidend für die Bekämpfung von Infektionen. Sie sind dabei so unglaublich wichtig, dass es nicht genügt, sie nur kurz zu erwähnen. Auf Seite 102 werden sie wir uns noch einmal genau ansehen. Für den Augenblick genügt es, wenn du weißt, dass wir viel weniger weiße als rote Blutkörperchen haben.

Name: Blutplättchen

Machen weniger als 1 % deines Blutes aus.

Die wichtigste Aufgabe der Blutplättchen ist die Blutgerinnung. Sagen wir, du schürfst dir an einer Wand den Ellenbogen auf. Vielleicht denkst du: Aua, aber halb so schlimm. Deine Blutplättchen sind allerdings nicht so entspannt. Sofort drängen sich Millionen von ihnen an der Wunde zusammen (okay, dem Kratzer). Gleichzeitig verwandelt sich ein Protein in deinem Blut in Fibrin, ein zäheres Protein. Die Blutplättchen und das Fibrin verklumpen zu einem **Schorf**, der die Wunde versiegelt. So läuft a) nichts aus und b) wird es so gut wie unmöglich, nicht daran zu kratzen (lass es trotzdem lieber).

Name: Blutplasma

Macht mehr als 50 % deines Blutes aus.

Blutplasma besteht zu 90 % aus Wasser, aber es enthält auch einige lebensnotwendige Dinge, wie Proteine, die bei der Blutgerinnung helfen.

Warum ist Kacke braun? Der wichtigste Grund sind die 100 Millionen abgestorbener roter Blutkörperchen, die du jeden Tag ausscheiden musst.

DIE CHEMISCHE ABTEILUNG

Tief in deinem Gehirn, hinter den Augen, sitzt eine etwa haselnussgroße Drüse. Die Hypophyse (oder Hirnanhangdrüse) ist zwar nur klein, aber ihre Wirkung ist – im wahrsten Sinne des Wortes – riesig.

Robert Wadlow aus Alton, Illinois (USA), ist der größte Mensch, der je gelebt hat. Er war schüchtern und fröhlich, und schon mit acht war er größer als sein (normal großer) Vater. Mit zwölf war er 2,10 Meter groß und beim Highschool-Abschluss 2,43 Meter. Als er mit 22 Jahren starb, maß er 2,72 Meter. (Was ihn umbrachte, war nicht sein pausenloses Wachstum, sondern eine von seinem Bein ausgehende Infektion.) Wadlow war sehr beliebt. Er starb zwar schon 1936, wird aber in seiner Heimatstadt immer noch sehr verehrt.

An seinem Wachstum war eine Störung der Hypophyse schuld. Diese Drüse ist von großer Bedeutung, weil sie so viele Vorgänge im Körper steuert. Eine ihrer Aufgaben ist die Bildung von **Wachstumshormonen**, die genau das tun, was ihr Name sagt – und Wadlow hatte sehr viel mehr davon im Körper als andere Menschen.

Hormone sind gut für dich

Hormone sind chemische Botschaften. Sie wandern durch den Körper und bewirken bestimmte Dinge. Die Hypophyse ist ein wichtiges Drehkreuz für deinen Hormonhaushalt, aber es gibt noch weitere überall in deinem Körper.

Würde ich alle Hormone deines Körpers, und was sie tun, aufzählen, hättest du schnell genug davon. Du glaubst mir nicht? Ich fange mal mit den Wichtigsten an – mal sehen, wie lang du durchhältst …

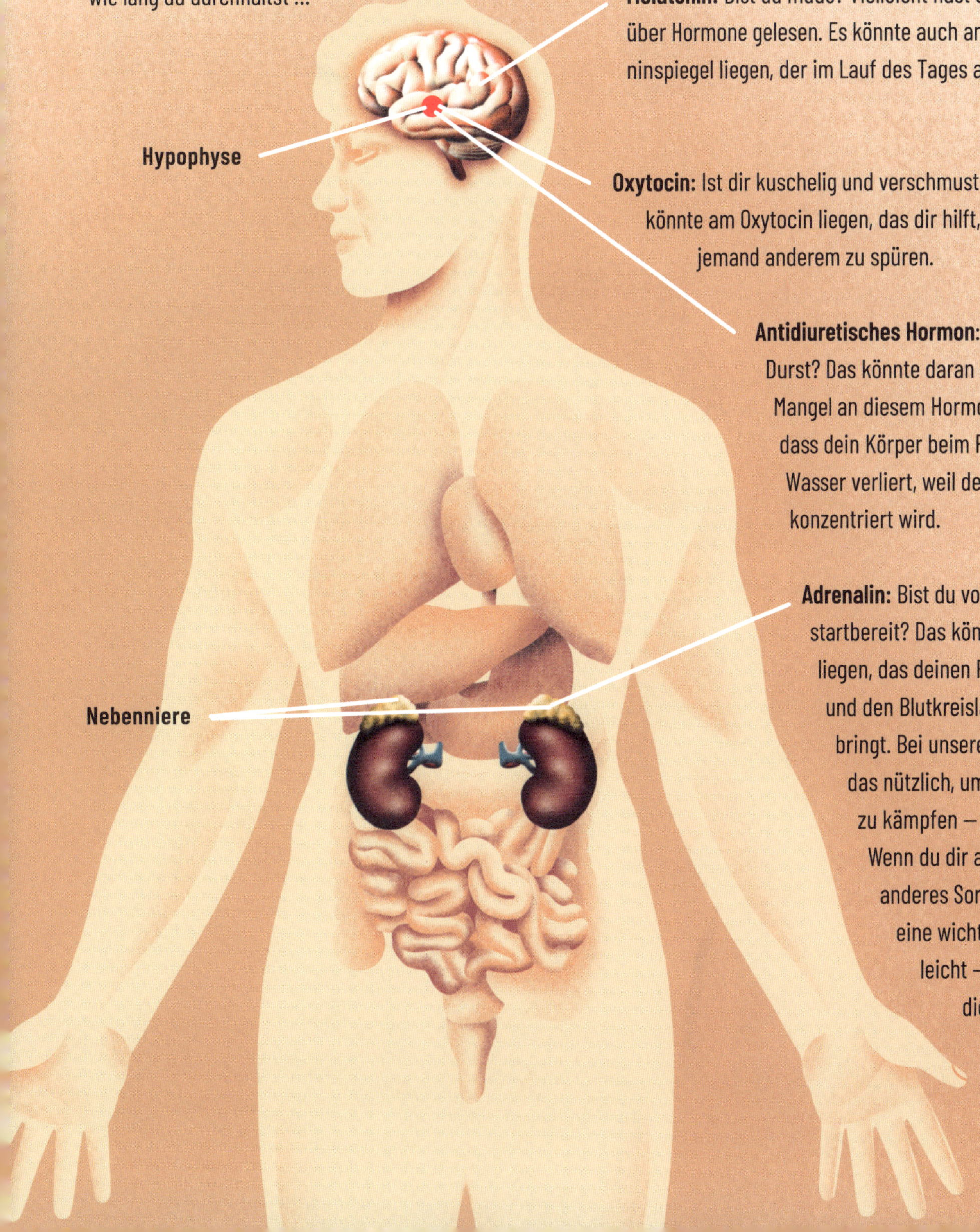

Melatonin: Bist du müde? Vielleicht hast du schon zu viel über Hormone gelesen. Es könnte auch an deinem Melatoninspiegel liegen, der im Lauf des Tages ansteigt.

Oxytocin: Ist dir kuschelig und verschmust zumute? Es könnte am Oxytocin liegen, das dir hilft, Zuneigung zu jemand anderem zu spüren.

Antidiuretisches Hormon: Hast du großen Durst? Das könnte daran liegen, dass ein Mangel an diesem Hormon dafür sorgt, dass dein Körper beim Pinkeln zu viel Wasser verliert, weil der Urin zu wenig konzentriert wird.

Adrenalin: Bist du voller Energie und startbereit? Das könnte am Adrenalin liegen, das deinen Puls beschleunigt und den Blutkreislauf in Schwung bringt. Bei unseren Vorfahren war das nützlich, um gegen Angreifer zu kämpfen – oder wegzulaufen. Wenn du dir aber über etwas anderes Sorgen machst – eine wichtige Prüfung vielleicht –, dann spürst du diese Wirkung möglicherweise auch.

PUBERTÄT

In der Pubertät wird aus dem Körper eines Kindes der eines Erwachsenen. Das geht allerdings nicht so schnell, wie wenn Peter Parker sich in Spiderman verwandelt. Die Veränderungen dauern in etwa vier Jahre, und für gewöhnlich passiert Folgendes:

Bei Mädchen:

- Es entwickeln sich Brüste.
- Die Eierstöcke geben die ersten Eizellen frei. Während des Menstruationszyklus wird die Gebärmutter auf eine Schwangerschaft vorbereitet. Kommt es nicht dazu, wird die Gebärmutterschleimhaut abgestoßen und das Mädchen hat seine Periode. Ein voller Zyklus dauert etwa 28 Tage.

Bei Jungen:

- Die Hoden fangen an, Samenzellen zu bilden. Da der Kehlkopf nun wächst, wird die Stimme tiefer. Im Gesicht und am Körper wachsen Haare und der Körper wird muskulöser.

Zur Zeit Heinrichs VIII. von England (1491-1547) begann die Pubertät mit sechzehn oder siebzehn Jahren – viel später als heute. Wissenschaftler führen das auf unsere heutige gesündere Ernährung im Vergleich zu damals zurück.

Auch die Pubertät wird von Hormonen gesteuert. Eine wichtige Rolle spielen dabei insbesondere:

- **Östrogen:** Es wird in den Eierstöcken gebildet, sorgt für die Entwicklung der Brüste und spielt eine entscheidende Rolle im Menstruationszyklus.

- **Testosteron:** Es wird in den Hoden gebildet. Es sorgt für die Entwicklung von Penis und Hoden, für die Gesichts- und Schambehaarung und dafür, dass die Stimme tiefer wird.

Die Pubertät kann eine schwierige Zeit sein. Aber denk daran, was sich währenddessen in deinem Körper alles verändert. Auch dein Gehirn entwickelt sich immer noch. Wenn sich deine Pubertät gefühlsmäßig ein bisschen wie Achterbahnfahrt anfühlt, dann sprich mit einem vertrauten Erwachsenen über deine Gefühle – jeder Erwachsene hat diese Zeit selbst einmal durchgemacht!

Die Forschung ist sich nicht einig, warum Mädchen und Jungen ab der Pubertät dichteres Haar in der Schamgegend und den Achselhöhlen bekommen. Möglicherweise signalisiert die Behaarung anderen, dass wir die Pubertät durchlaufen. Das Senden dieses Signals lässt sich allerdings verhindern, indem wir … na ja, Kleidung tragen.

Es ist völlig normal, wenn die Pubertät im Alter zwischen 8 und 14 Jahren einsetzt. Die Veränderung zeigt sich bei manchen schneller als bei anderen. Mach dir keine Gedanken, wenn du später in die Pubertät kommst oder sie bei dir langsamer verläuft als bei deinen Freundinnen oder Freunden.

Körper und Gehirne können sich auch ganz anders entwickeln. Ich spreche hier zwar von »Mädchen« und »Jungen«, aber nicht jede Person hat Genitalien, die den üblichen Erwartungen von weiblich oder männlich entsprechen.

DIE LEBER

DEIN FABELHAFTES CHEMIELABOR

Was weißt du über die Leber? Nicht viel?

Hoffentlich ist sie nicht beleidigt, wo sie doch Tag und Nacht alle möglichen wichtigen Dinge für dich erledigt. Denn würde sie plötzlich den Dienst einstellen, wärst du in wenigen Stunden tot.

Deine Leber ist im Grunde das Labor deines Körpers. In diesem Augenblick befindet sich etwa *ein Viertel* deines Blutes in der Leber und wird dort behandelt.

Was deine Leber alles erledigt:

- Sie speichert Vitamine und nimmt sie auf.
- Sie baut alte, abgenutzte rote Blutkörperchen ab und recycelt das Eisen aus deren Hämoglobin.

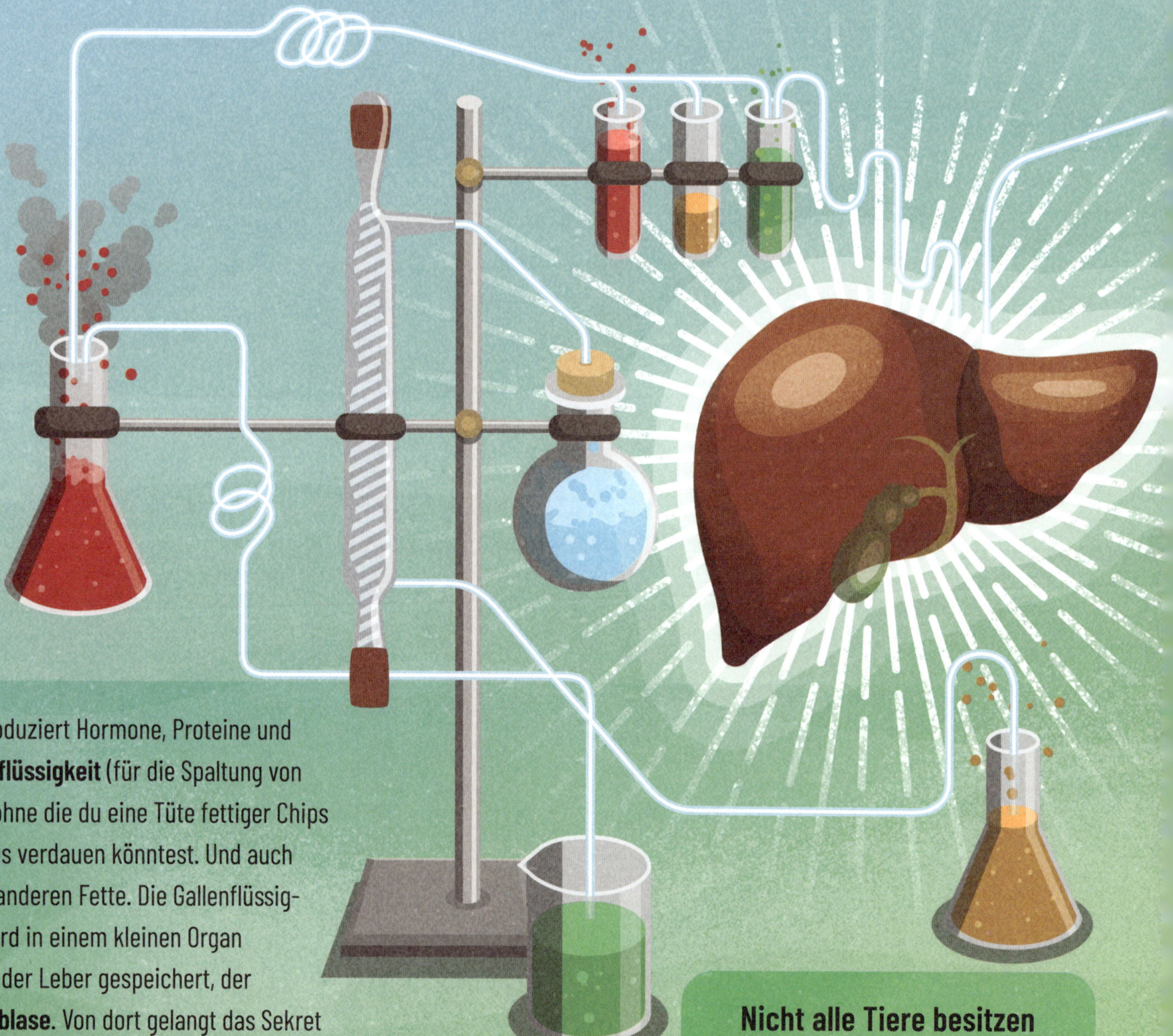

- Sie produziert Hormone, Proteine und **Gallenflüssigkeit** (für die Spaltung von Fett), ohne die du eine Tüte fettiger Chips niemals verdauen könntest. Und auch keine anderen Fette. Die Gallenflüssigkeit wird in einem kleinen Organ neben der Leber gespeichert, der **Gallenblase.** Von dort gelangt das Sekret in den Darm, wo der größte Teil der Verdauung stattfindet.

Nicht alle Tiere besitzen eine Gallenblase. Besonders seltsam: Manche Giraffen haben eine, andere nicht.

Früher hieß es, die Leber sei verantwortlich für den Mut. Redet jemand »frei von der Leber weg«, dann tut er das ohne Hemmungen.

Was hat deine Leber gemeinsam mit:

- einem Regenwurm?
- einem Vielfraß?
- einem Axolotl?

Antwort:
Die Fähigkeit, fehlende Teile nachzubilden.

Erstaunlicherweise kann man von einer Leber zwei Drittel wegschneiden, und sie wächst in wenigen Wochen auf die ursprüngliche Größe nach. Dein Herz schafft das nicht und deine Lunge auch nicht. Selbst dein unglaubliches Gehirn kann da nur – und nicht ganz ohne Neid – staunen.

WIE SCHAFFT ES DIE LEBER, SICH ZU REPARIEREN?

In Wahrheit wissen das nicht einmal die Leberexperten. »Es ist schon irgendwie ein Wunder«, meint der niederländische Immunologe und Molekularbiologe Hans Clevers. Eine nachgewachsene Leber »sieht zwar, verglichen mit der Leber im Urzustand, nicht ganz so schön aus, aber sie erfüllt ihre Aufgabe.«

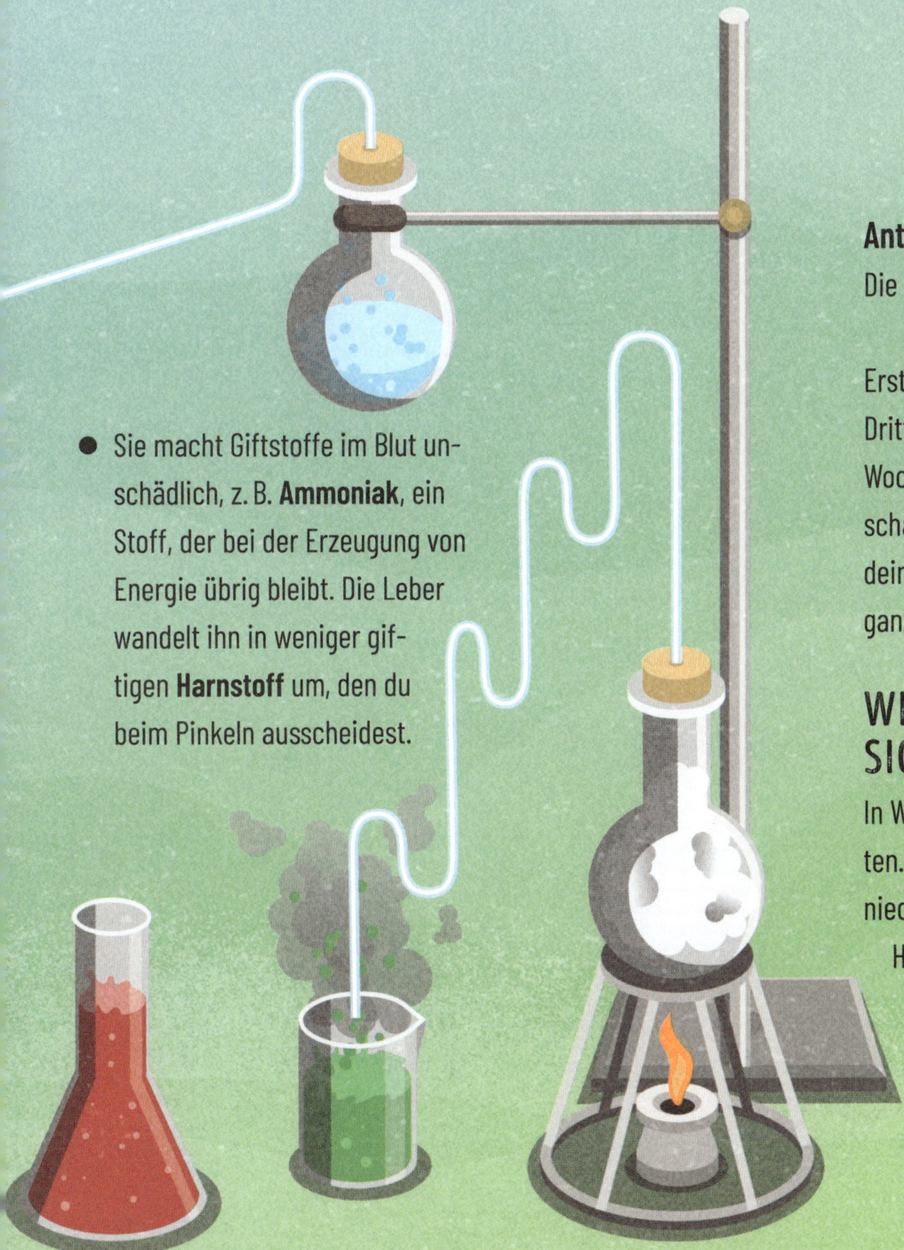

- Sie macht Giftstoffe im Blut unschädlich, z. B. **Ammoniak**, ein Stoff, der bei der Erzeugung von Energie übrig bleibt. Die Leber wandelt ihn in weniger giftigen **Harnstoff** um, den du beim Pinkeln ausscheidest.

- Sie speichert Energie, indem sie nach deinen Mahlzeiten den Überschuss an Glukose in Form von **Glykogen** einlagert. Wenn du später dann wieder »Treibstoff« brauchst – zum Beispiel bei einem besonders aufreibenden Videospiel –, verwandelt die Leber das Glykogen zurück in Glukose und gibt diese ans Blut ab.

Glukose ist ein einfacher Zucker und unsere wichtigste Energiequelle. Unsere Zellen stellen daraus ATP her.

BAUCHSPEICHELDRÜSE UND MILZ

Worauf würdest du eher verzichten: auf deine Bauchspeicheldrüse oder deine Milz?

HOFFENTLICH WÜRDEST DU DEINE BAUCHSPEICHELDRÜSE BEHALTEN (SORRY, MILZ).

Die Milz ist zwar zweifellos nützlich (du weißt ja, bei der Abwehr tödlicher Eindringlinge), aber ohne die Bauchspeicheldrüse (auch: Pankreas) würdest du sterben.

Dieses gel-artige Organ liegt quer hinter dem Magen. Es ist ca. 15 Zentimeter lang und hat in etwa die Form einer Banane.

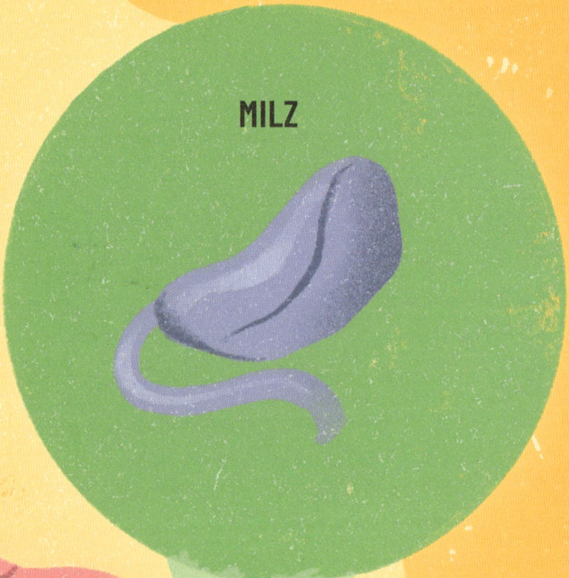

PANKREASSÄFTE

Die Bauchspeicheldrüse produziert täglich mehr als einen Liter **Verdauungssekret**. Dieses hilft uns, die Nahrung in Substanzen wie Zucker oder Stärke aufzuspalten.

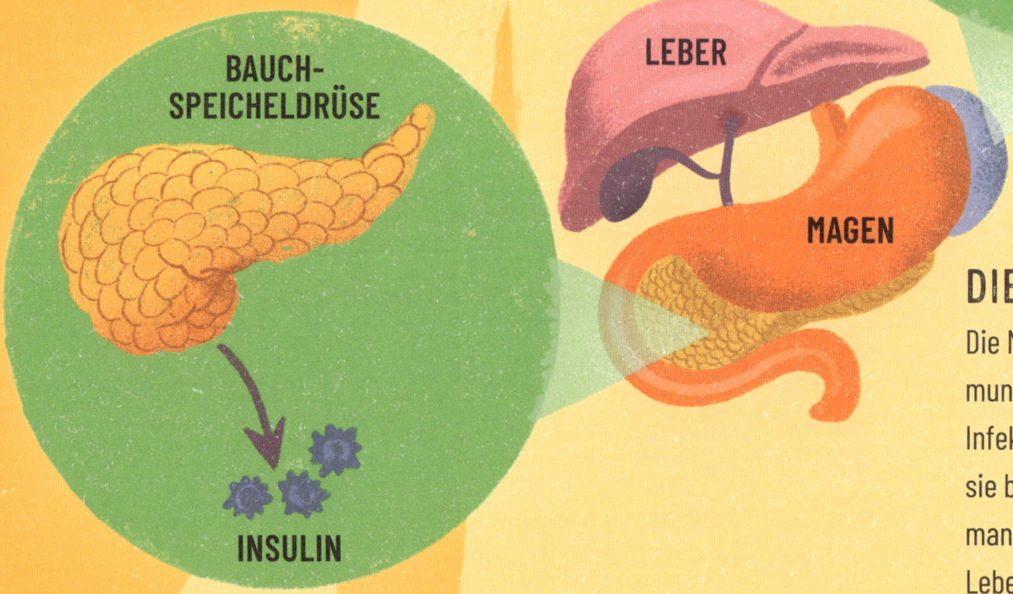

DIE MILZ

Die Milz ist nützlich, weil sie Immunzellen für den Kampf gegen Infektionen enthält. Außerdem hilft sie beim Filtern des Blutes. (Falls man die Milz verliert, kann die Leber allerdings die meisten ihrer Aufgaben übernehmen.) Sie ist etwa faustgroß und sitzt relativ weit oben auf der linken Seite unterhalb unseres Brustkorbs.

INSULIN

Eine andere, vielleicht noch wichtigere Aufgabe der Bauchspeicheldrüse ist die Bildung des Hormons Insulin.

Insulin sorgt für die Aufnahme des Zuckermoleküls Glukose in die Zellen, wo Energie daraus gewonnenen wird.

Steigt der Glukosegehalt im Blut an (weil du vielleicht gerade einen Berliner gefuttert hast), dann:

- Heftet sich Insulin an die Oberfläche einer Zelle.
- Daraufhin wandern **Transportmoleküle** – du kannst sie dir wie »Glukosetaxis« vorstellen – an die Zelloberfläche.

- Sie packen die Glukose und tragen sie in die Zelle, wo sie als Nährstoff dient, anstatt nur so im Blut herumzuwandern.
- Insulin gibt der Leber auch Bescheid, wenn sie keine Glukose mehr aus dem Glykogenspeicher ausschütten soll. Die Leber fängt dann an, überschüssige Glukose zu speichern.

DIABETES

Bei dieser Krankheit steigt der Zuckergehalt im Blut zu stark an. Es gibt zwei Arten von Diabetes – Typ 1 und Typ 2. Bei Typ 1 produziert der Körper überhaupt kein Insulin mehr. Bei Typ 2 wird noch etwas Insulin gebildet, es wirkt in den Zellen aber nicht so wie bei gesunden Menschen; man nennt das **Insulinresistenz**.

Vor den 1920er Jahren konnte man Diabetes Typ 1 nicht behandeln. Die Patienten starben. Dann gelang dem jungen Mediziner Frederick Banting zusammen mit seinem Assistenten Charles Herbert Best etwas, das man später »den ersten großen Triumph der Medizinwissenschaft« nannte. Ohne die Zusammenhänge ganz zu verstehen, gelang den beiden die Gewinnung von Insulin aus Hunden (und zwar ohne beigemischtes Pankreassekret). Schon bald verfügte das Team über Insulin, das rein genug war, um es Patienten zu spritzen. Kurz darauf wurde genügend Insulin hergestellt, um auf der ganzen Welt Leben zu retten.

Frederick Banting wusste so wenig über Diabetes, dass er in seinen Unterlagen von »Diabetus« sprach.

Heute gewinnt man Insulin, indem man ein Gen, das den Bauplan für Insulin enthält, in Hefen oder Bakterien einpflanzt, damit diese es produzieren. Die Patienten können sich das gereinigte Hormon dann selbst spritzen. Menschen mit Diabetes Typ 1 (sowie manche mit Typ 2) spritzen sich regelmäßig Insulin, um den Zuckergehalt in ihrem Blut konstant zu halten.

DIE NIEREN

Wie Augen, Arme, Rachenmandeln – und Zwillinge – kommen Nieren als Paar. Verglichen mit der Leber sind sie nicht besonders groß (jede wiegt etwas mehr als ein Goldhamster), aber sie sind äußerst wichtig.

Kannst du deine Hände auf deinen Rücken legen – und zwar neben deine Wirbelsäule, unterhalb deiner Rippen? Dann sind deine Finger ziemlich genau über deinen Nieren. (Genau genommen sitzt die rechte Niere etwas tiefer, weil die große Leber von oben auf sie drückt.)

DIE NIEREN SIND HAUPTSÄCHLICH DAMIT BESCHÄFTIGT, DEIN BLUT ZU REINIGEN.

Sie müssen dafür sorgen, dass dein Blut genau den richtigen Gehalt an Wasser und Salz hat. Wenn du zu viel Salz isst, filtern es die Nieren heraus, leiten es an die Harnblase weiter und du wirst es beim Pinkeln wieder los.

Du weißt vielleicht, dass bevor es Toiletten gab, die Leute ihre menschlichen Ausscheidungen mit dem Nachttopf zum Fenster hinauskippten. Deine Zellen machen das im Grunde ganz ähnlich. Wenn deine Mitochondrien die Energie der Nahrung in Energie für die Zelle umwandeln, entsteht schädlicher Ammoniak, der einfach ins Blut abgegeben wird. Die Leber wandelt ihn in Harnstoff um. Aber auf Dauer würde auch der sich dort ansammeln und Schäden verursachen. Glücklicherweise filtern die Nieren ihn gemeinsam mit anderen Giftstoffen heraus, sodass du alles zusammen auspinkeln kannst. Gleichzeitig entnehmen die Nieren dem Blutplasma nützliche Stoffe wie Vitamine und Hormone und leiten diese zurück in den Blutkreislauf.

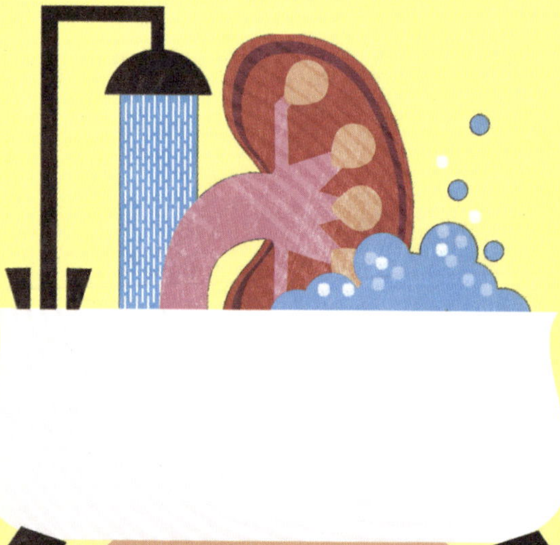

Die Nieren sind echte Sauberkeitsfanatiker. Ein Erwachsener hat etwa 3,5 Liter Blutplasma in sich. Dieses wird von den Nieren ständig gefiltert. So werden am Tag etwa 180 Liter gereinigt – also die Menge, die eine normale Badewanne gerade so zum Überlaufen bringen würde.

MUTIG, LEICHTSINNIG ... ODER BEIDES?

Im Jahr 1869 entfernte der deutsche Chirurg Gustav Simon einer Patientin eine Niere. Die Niere war krank und das schien das Vernünftigste zu sein. Allerdings wusste niemand, was passieren würde. Da wir über zwei Nieren verfügen, musste man eigentlich davon ausgehen, dass wir beide brauchen. Zu Simons Erleichterung – und wahrscheinlich auch der seiner Patientin – führte die Operation aber nicht zu ihrem Tod. So wurde zum ersten Mal bewiesen, dass Menschen auch mit einer Niere leben können.

DIE HARNBLASE

»Mir platzt gleich die Blase!« Das sagt man manchmal, wenn man dringend pinkeln muss. Aber kann die Blase wirklich platzen? Nein, eher machst du dir in die Hose.

Die Harnblase ist wie ein Ballon, der sich immer mehr weitet, während er von den Nieren mit Urin gefüllt wird. Wenn er voll ist und Ort und Zeit passen, entleerst du deine Blase. Damit dies geschieht, erteilt dein Gehirn zwei Befehle:

1. Die Muskeln in der Blasenwand ziehen sich zusammen und pressen den Urin heraus.

2. Der äußere **Blasenschließmuskel** erschlafft. Nun kann der Urin durch die **Harnröhre** aus dem Körper gelangen.

Was ist Urin? Das sind unsere flüssigen Abfallstoffe. Darin ist enthalten:

- **Wasser**
- **Salz**
- **Harnstoff und Harnsäure (aus umgewandeltem Ammoniak)**
- **Alles, was der Körper sonst noch mit dem Urin loswerden kann – beispielsweise überschüssige Glukose und Vitamine.**

Hättest du um 1820 Fußball gespielt, dann wäre der Ball höchstwahrscheinlich eine aufgeblasene und mit Leder umhüllte Harnblase eines Schafs oder Schweins gewesen.

Unglücklicherweise neigt die Harnblase, genau wie die Gallenblase und die Nieren, zur Bildung von **Steinen**. Das sind harte Ablagerungen aus Kalzium und verschiedenen Salzen. Lange Zeit waren diese kaum zu behandeln. Aus Furcht vor Schmerzen und den Gefahren einer Operation ließ man die Steine oft zu lange wachsen, statt sie zu entfernen.

Wenn sich die Betroffenen schließlich ins Unvermeidliche fügten, lief die Prozedur folgendermaßen ab: Sie erhielten einfache Schmerzmittel und legten sich auf den Rücken, während man ihnen die Beine weit über den Kopf bog. Dann hielten mehrere starke Männer die Person fest, während sich der Arzt auf die Suche nach den Steinen machte. Das muss wirklich qualvoll gewesen sein!

Eine der am meisten diskutierten derartigen Operationen erlebte Samuel Pepys (gesprochen: »Pieps«) – ein Engländer aus dem 17. Jahrhundert, der in seinem berühmten Tagebuch über vielerlei wichtige Ereignisse seiner Zeit berichtete.

Pepys' Blasenstein war so groß wie ein *Tennisball.* Während ihn vier Männer festhielten, schob der Operateur ein dünnes Instrument durch seinen Penis in die Harnblase hinauf, um den Stein festzuhalten. Dann schnitt er mit einem Skalpell rasch Haut, Fleisch und Blase auf und zog den Stein heraus.

Die ganze Operation dauerte unglaublich kurze 50 Sekunden. Für Pepys müssen es allerdings die längsten 50 Sekunden seines Lebens gewesen sein. Noch lange hielt er am Jahrestag der Operation ein besonderes Festmahl ab. Außerdem bewahrte er den Stein in einer Schachtel auf und zeigte ihn bereitwillig allen Interessierten.

Verständlich, oder?

NAHRUNG

Wir nehmen im Leben etwa 60 Tonnen Nahrung zu uns – so viel wiegen 60 Kleinwagen.

Was hast du gestern zu Abend gegessen?

Vielleicht waren es Fischstäbchen, Kartoffelbrei und Erbsen. Oder ein Curry. Oder Pizza. Was immer es war – wenn du deine Mahlzeit auseinandernimmst, wird selbst das einfachste Essen interessanter, als du glaubst.

NEHMEN WIR ALSO FISCHSTÄBCHEN, KARTOFFELBREI UND ERBSEN.

ERBSEN

Diese Hülsenfrüchte liefern viel Vitamin C und nützliche Mineralien wie Kalzium und Kalium.

Vitamine braucht unser Körper, um gut zu funktionieren. Wir können sie aber nicht selbst herstellen. Es gibt dreizehn verschiedene. Vitamin C ist wichtig, um Haut, Blutgefäße und Knochen gesund zu halten.

Erbsen stammen natürlich von einer Pflanze. Die meisten Pflanzen kommen allerdings nicht als Nahrung für uns infrage. Sie bestehen größtenteils aus **Zellulose**, die wir nicht verdauen können. Die wenigen Pflanzen, die wir essen können, nennen wir Gemüse. Auch sie enthalten etwas Zellulose (wie alle Pflanzen), aber auch jede Menge gesunde Dinge, wie eben Vitamine.

FISCHSTÄBCHEN

Fisch enthält viel **Protein**. Etwa ein Fünftel unseres Körpers besteht aus Protein. Wenn wir Protein aufnehmen, wird es in seine Bausteine, die **Aminosäuren**, aufgespalten. Unser Körper bildet aus diesen dann die Proteine, die er braucht – z. B. um unsere Muskeln wachsen zu lassen. Viel Protein liefern Fleisch und Fisch, aber auch Pflanzen wie Sojabohnen, Bohnen und Erbsen.

KARTOFFELBREI

Kartoffeln liefern viele **Kohlenhydrate**.

Kohlenhydrate sind einer der beiden wichtigsten Energielieferanten unseres Körpers. Zucker (wie Glukose, das einfachste Kohlenhydrat) und Stärke sind Kohlenhydrate. Sie bestehen aus Kohlenstoff, Wasserstoff und Sauerstoff.

Wenn in deinem Kartoffelbrei auch Butter und Milch enthalten sind, liefert er dir auch **Fett**.

Fette sind der zweite wichtige Energielieferant. Wie Kohlenhydrate bestehen sie aus Kohlenstoff, Wasserstoff und Sauerstoff – aber in einem anderen Mengenverhältnis, sodass sich Fette im Körper leichter speichern lassen.

Der Körper braucht zwar Fette, um gesund zu bleiben, aber du weißt wahrscheinlich schon: Wenn du mehr Fett isst, als du verbrauchst, dann speichert dein Körper das alles nur zu gerne.

Es hat viele Vorteile, Nahrungsmittel zu kochen, anstatt sie roh zu essen. Kochen …

- tötet viele Giftstoffe.
- verbessert den Geschmack (solange man es in der Schulmensa mit dem Weichkochen nicht übertreibt).
- sorgt dafür, dass man zähe Dinge besser kauen kann (was gegen die Knorpel im Schulessen natürlich nicht hilft).
- schließt die Nahrung so auf, dass wir viel mehr Energie daraus gewinnen können.

Für die gesunde Ernährung von Kindern empfiehlt die Deutsche Gesellschaft für Ernährung (DGE):

- Mindestens fünf Portionen Obst und Gemüse täglich
- Vier Portionen Beilagen wie Brot, Kartoffeln, Nudeln – am besten aus Vollkornprodukten
- Drei Portionen Milch und Milchprodukte oder Ersatzprodukte wie Sojamilch; wichtig für die Kalzium- und Protein-Zufuhr während des Wachstums
- Zwei- bis dreimal die Woche Fleisch, Fisch, Wurst und Ei
- Ab und zu Süßigkeiten sind erlaubt.
- Viel trinken, am besten Wasser, keine gesüßten Getränke

KALORIEN

Hast du schon einmal von Kalorien gehört?

Dreh mal die Tafel Schokolade um, die deine Oma dir zum Geburtstag geschenkt hat.
Die Bezeichnung kcal steht für Kilokalorien. Das ist gemeint, wenn Leute über »Kalorien« reden und das »Kilo« vergessen.
Auf allen verpackten Lebensmitteln, die du im Supermarkt kaufst, müssen die Kalorien vermerkt sein. Zum Beispiel:

TAFEL SCHOKOLADE . . . . ca. 570 kcal

TIEFKÜHLPIZZA SALAMI . . . . ca. 797 kcal

MÜSLIRIEGEL. . . . . ca. 135 kcal

MITTELGROSSE BANANE (steht nicht drauf, ist aber so) . . . . ca. 105 kcal

So wie ein Zentimeter ein Längenmaß ist, geben Kilokalorien an, wie viel Energie in Lebensmitteln enthalten ist. Eine Kilokalorie ist die Energie, die man braucht, um ein Kilogramm Wasser um ein Grad Celsius zu erwärmen.

Wir wissen bereits, dass wir die Energie aus Nahrung und Getränken brauchen, um ATP zu erzeugen, das unseren Körper antreibt. Da Energie lebenswichtig ist, haben wir eine besondere Vorliebe für Nahrungsmittel mit rasch verfügbaren Kalorien entwickelt – die verschiedenen Zucker.

500 ml eines Colagetränks enthalten so viel Zucker wie drei Äpfel (das sind in etwa 13 Teelöffel voll Zucker). Aber Äpfel versorgen dich zusätzlich mit Vitaminen, Mineralien und Ballaststoffen.

Es wird zwar oft über Kalorien gesprochen, aber der Energiegehalt von Nahrungsmitteln wird auch in der international vereinbarten Einheit »Kilojoule« (kJ) angegeben. Eine Kilokalorie entspricht etwas mehr als vier Kilojoule.

Kannst du dir vorstellen, wie es für deine fernen Vorfahren war, wenn sie rasch einen Energieschub brauchten? Sie hatten weder Münzautomaten noch Geschäfte, Kühlschränke, Schokoladenriegel, Süßigkeiten oder Eisverkäufer. Das einzig Süße, was es gab, war Obst. Wenn etwas süß schmeckte, bedeutete das leicht verfügbare Energie, und das Gehirn signalisierte: Ja! Volltreffer! Rein damit!

Heute ist das ganz anders. Süß schmeckende Nahrungsmittel sind überall. Und im Gegensatz zu Obst enthalten sie keine gesunden Vitamine oder Ballaststoffe. Trotzdem sehnt sich unser Gehirn immer noch nach süßen Nahrungsmitteln und Getränken. Deshalb essen wir allzu leicht viel zu viel Zucker.

Bei Zucker ist die gesundheitlich unbedenkliche Grenze schnell überschritten. Eine Getränkedose mit süßer Limo enthält mehr Zucker, als Menschen über elf Jahren für den ganzen Tag empfohlen wird. Auch in Fertigprodukten ist häufig Zucker enthalten.

WIE VIEL ENERGIE (UND DAMIT WIE VIELE KALORIEN) BRAUCHEN WIR?

Das hängt nicht nur vom täglichen Bedarf unseres Körpers ab, sondern auch davon, wie viel wir verbrauchen, wenn wir herumrennen, Rad fahren, zu Fuß zur Schule gehen oder alle unsere schmutzigen Kleidungsstücke aufheben und zum Wäschekorb tragen (was du bestimmt tust, oder?). Ach ja, und wachsen.

Die Stiftung Gesundheitswesen empfiehlt täglich:

Dies sind aber nur Durchschnittsangaben. Menschen verbrennen bei der gleichen Tätigkeit unterschiedliche Energiemengen. Du könntest also auch mehr oder weniger Kalorien für deinen Körper brauchen.

Schon beim Nichtstun verbrauchen wir einige Kalorien. Durchschnittlich:

- brauchen Herz und Gehirn je 400 kcal täglich.
- verbrennt die Leber etwa 200 kcal.
- machen Essen und Verdauen etwa ein Zehntel unseres täglichen Kalorienbedarfs aus.
- braucht allein das Stehen pro Stunde zusätzliche 107 Kalorien.

EIN BERÜHMTER MAGEN

Alles, was wir über den Magen wissen, verdankten wir lange Zeit einem unglücklichen Unfall, der sich 1822 ereignete.

Im Sommer in jenem Jahr betrat ein Kunde auf der Insel Mackinac in den USA ein Geschäft. Als er ein Gewehr ansehen wollte, löste sich ein Schuss.

Der junge kanadische Trapper Alexis St. Martin stand in der Schusslinie, nur einen Meter entfernt. Die Kugel verpasste ihm ein Loch in der Brust und etwas, das er ganz und gar nicht haben wollte: den berühmtesten Magen der Medizingeschichte.

EIN WUNDER!

Erstaunlicherweise überlebte St. Martin. Aber die Wunde heilte nie ganz. Sein Arzt William Beaumont von der US-Armee erkannte, dass ihm die Öffnung – eine Magenfistel – Einblick ins Innere von St. Martin erlaubte und Zugang zu dessen Magen. Beaumont nahm St. Martin bei sich zu Hause auf und pflegte ihn. Dafür erlaubte St. Martin dem Arzt, Experimente an ihm durchzuführen.

Für Beaumont war das eine einzigartige Gelegenheit. Um 1822 wusste niemand, was mit unserer Nahrung nach dem Herunterschlucken genau geschah. St. Martins Magen war der einzige, den man direkt beobachten konnte.

BEAUMONTS BIZARRE EXPERIMENTE

Beaumont beförderte verschiedene, an einem Seidenfaden befestigte Nahrungsmittel durch die Öffnung direkt in St. Martins Magen. Nach einer gewissen Zeit im Magen zog er sie wieder heraus, um zu sehen, was damit geschehen war.

Er *leckte* sogar die Innenseite von St. Martins Magen und fand heraus, dass dieser nur dann nach Säure schmeckte, wenn sich Nahrung darin befand. So entdeckte er, dass die Nahrung durch dort produzierte **Salzsäure** aufgelöst wird. Diese Entdeckung machte Beaumont berühmt.

Irgendwann hatte St. Martin genug vom Leben als Versuchskaninchen und verschwand ein paar Jahre. Beaumont konnte ihn aber ausfindig machen und seine seltsamen Versuche fortsetzen. Schließlich brachte er ein Buch über seine Entdeckungen heraus. Fast 100 Jahre lang beruhte so gut wie alles, was man über die Verdauung wusste, auf St. Martins Magen.

Beaumont starb 1853 nach einem Sturz. St. Martin dagegen lebte noch weitere 27 Jahre. Er heiratete schließlich, zog sechs Kinder groß und starb 1880 mit 86 Jahren – fast 60 Jahre nach dem Unfall, dem er seine unerwünschte Berühmtheit verdankte.

DER DARM

Angenommen, du beißt in ein Käsebrot. Was passiert dann?

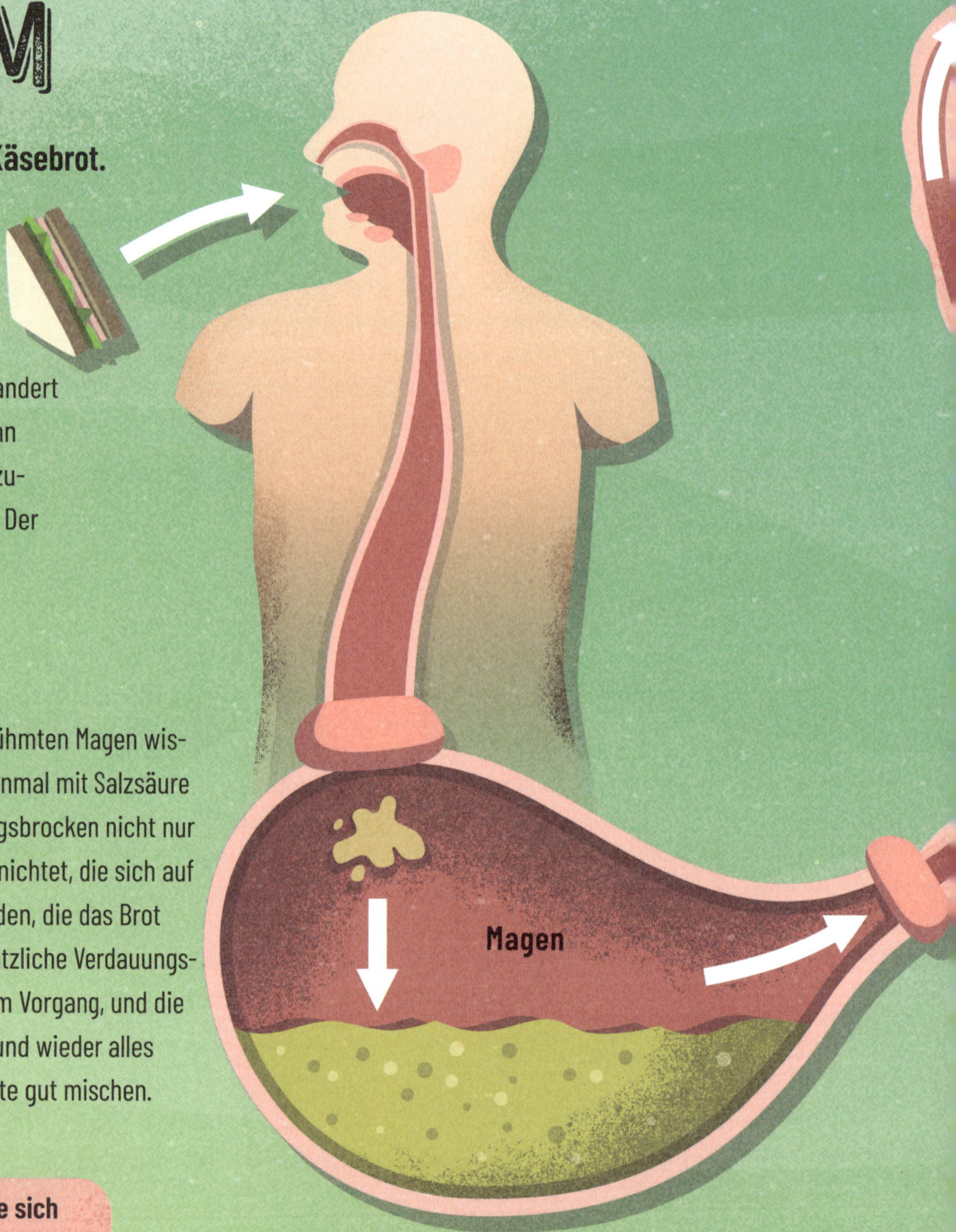

Du kaust es und schluckst. Der Brei wandert deine **Speiseröhre** hinunter – und dann weiter in eine Reihe von Organen, die zusammen den **Verdauungstrakt** bilden. Der erste Halt ist in deinem ...

MAGEN

Dank Alexis St. Martin und seinem berühmten Magen wissen wir, dass das Käsebrot dort erst einmal mit Salzsäure attackiert wird. So werden die Nahrungsbrocken nicht nur aufgelöst, sondern auch Bakterien vernichtet, die sich auf dem Käse (oder den schmutzigen Händen, die das Brot hielten) befunden haben könnten. Zusätzliche Verdauungssäfte aus dem Magen helfen bei diesem Vorgang, und die kräftige Magenmuskulatur knetet hin und wieder alles durch, sodass sich Nahrung und Sekrete gut mischen.

Fast alle glauben, ihr Magen befinde sich unten im Bauch. Er liegt aber sehr viel höher und ein Stück nach links versetzt. Bei Erwachsenen ist er etwa 20 cm lang und hat ungefähr die Form eines Boxhandschuhes.

WENN DAS KÄSEBROT ZU EINEM FEINEN BREI GEWORDEN IST, WIRD ES IN DEN DARM BEFÖRDERT.

Der ausgewachsene Magen hat ein Fassungsvermögen von etwa 1,4 Litern – das ist nicht allzu viel. Bei einem großen Hund ist der Magen doppelt so groß.

Was hindert die aggressiven Magensäfte daran, sich durch die Wände von Magen und Dünndarm hindurchzufressen? Die Antwort ist: dicker klebriger Schleim. Nur dieser Schleim verhindert, dass dein Körper sich selbst verdaut.

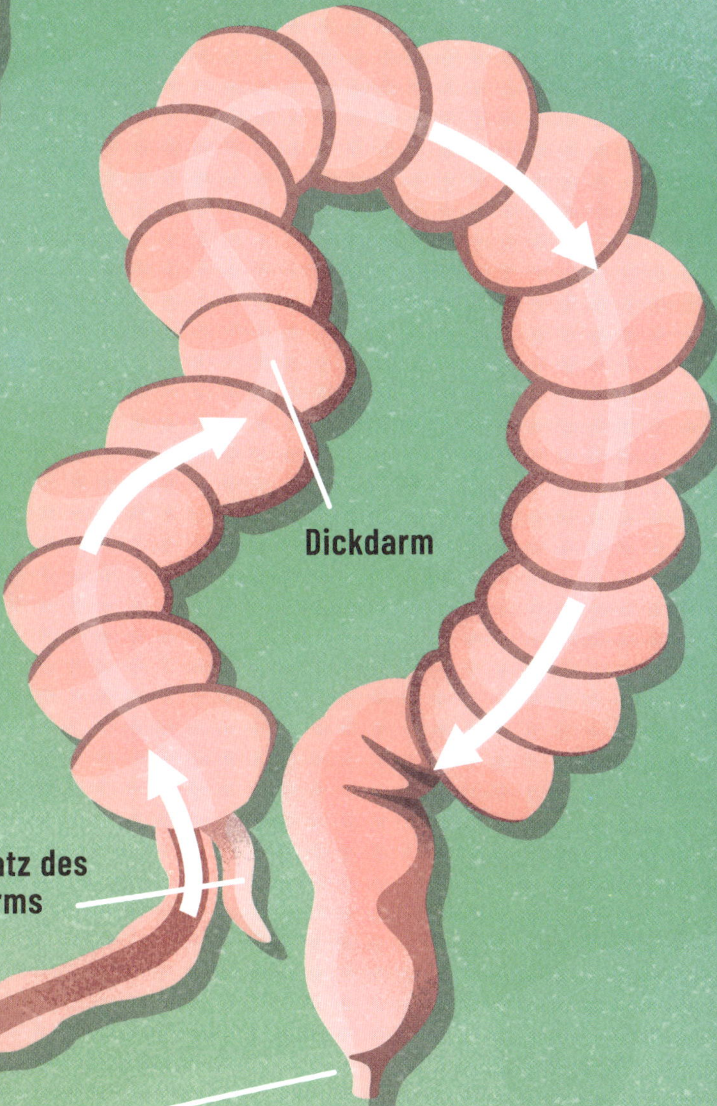

DÜNNDARM

In diesem ziemlich langen Teil des Darmtrakts findet die Verdauung größtenteils statt. Auseinandergerollt wäre der Dünndarm eines Erwachsenen fast so lang wie die Querlatte eines Fußballtors.

Muskeln in der Darmwand ziehen sich immer wieder zusammen und schieben den Nahrungsbrei so um einige Zentimeter pro Minute weiter. Währenddessen kommen – teils aus Bauchspeicheldrüse und Leber – Verdauungssäfte hinzu. Diese schließen die Fette, Kohlenhydrate und Proteine so weit auf, dass sie durch die Darmwand in den Blutkreislauf abgegeben werden können.

UNVERDAULICHE RESTE WERDEN WEITERGESCHOBEN IN DEN …

DICKDARM

Hier wird Wasser entzogen, und Milliarden nützlicher Bakterien bauen alles ab, was vom Dünndarm nicht aufgenommen wurde. Dieser Vorgang dauert bis zu drei Tage. Dabei werden viele nützliche Nährstoffe gewonnen und dem Körper zugeführt. Übrig bleibt eine feste Masse: die Kacke.

NACH WEITEREN MUSKELBEWEGUNGEN IM DARM LANDET DIE KACKE IN DEINEM …

ENDDARM

Der Enddarm speichert die Kacke, bis genügend da ist, dass sich der Gang zur Toilette lohnt. Die nutzlosen Überreste deines Käsebrots werden ein letztes Mal weitergeschoben und verlassen den Körper durch den **After**.

Vom Blinddarm, einer Sackgasse im Dickdarm, zweigt der dünne, bis zu 10 cm lange Wurmfortsatz ab. Wenn sich dieser infiziert und dabei durchbricht, ist das sehr gefährlich. Jährlich sterben etwa 80 000 Menschen deswegen. Man kann gut ohne ihn leben. Mediziner glauben aber, dass er Teil des Immunsystems ist, und gute Bakterien von dort aus den Darm wieder besiedeln können.

KACKEN UND FURZEN

Menschen kacken am Tag etwa 200 Gramm. Das macht ungefähr 73 Kilogramm im Jahr und mehr als 5 Tonnen im ganzen Leben. Das entspricht dem Gewicht von fünf Autos (aber wie du schon weißt, hast du das Gewicht von 60 Autos gegessen, also ist das kein schlechtes Ergebnis).

Kacke besteht größtenteils aus:

- unverdauten Ballaststoffen (aus Pflanzen)
- Bakterien
- toten Zellen aus dem Darm
- Überresten von abgestorbenen roten Blutkörperchen

Die Zeit, die Nahrung vom Schlucken bis zum Ausscheiden braucht, nennt man Darmpassagezeit. Sie beträgt bei Männern im Durchschnitt 55 Stunden, bei Frauen eher 72.

Der junge deutsche Arzt Theodor Escherich war der Erste, der sich wissenschaftlich mit Kot (man sagt auch **Stuhl** oder **Exkremente**) beschäftigte. Ende des 19. Jahrhunderts untersuchte er Babykacke unter dem Mikroskop und fand 19 verschiedene Arten von Mikroben – viel mehr, als er erwartet hatte. Die häufigste benannte man ihm zu Ehren später ***Escherichia coli***.

Kacke ist nicht das Einzige, was aus deinem After herauskommt. Du pupst auch. Unter Wissenschaftlern heißt der Furz **Flatus** (lat.: Blähung).

Ein Pups ist:

- bis zu 50 % Kohlendioxid.
- bis zu 40 % Wasserstoff.
- bis zu 20 % Stickstoff.
- zu 100 % ein Problem von dem, der ihn zuerst riecht. (Der letzte Punkt ist strenggenommen keine wissenschaftlich belegte Tatsache.)

Etwa ein Drittel aller Menschen hat **Methan** in ihren Fürzen. Methan ist ein starkes Treibhausgas. Warum zwei Drittel keines produzieren, ist nicht bekannt.

Für den üblen Geruch sind Schwefelverbindungen wie **Schwefelwasserstoff** verantwortlich. In hohen Konzentrationen ist dieses Gas tödlich. Verdünnt, wie in einem Pups, ist es zwar unangenehm, bringt einen aber nicht um. Jedenfalls solange es niemand anzündet.

EXPLODIERENDE FÜRZE

Im Jahr 1978 steckten französische Chirurgen einem 69-Jährigen einen heißen Draht in den After. Auf diese Weise entfernte man früher Wucherungen, aus denen Krebs entstehen kann. Als der Draht eingeführt war, entzündete er die Darmgase im After des Mannes. Die Explosion riss den bedauernswerten Mann buchstäblich in Stücke.

Nun sollte man meinen, dies sei ein einmaliger Unglücksfall gewesen. In einer Fachzeitschrift ist allerdings zu lesen, dies sei nur einer von »vielen dokumentierten Explosionen von Darmgas während Analoperationen« gewesen. Glücklicherweise wird der Eingriff nun anders durchgeführt, sodass das Risiko von Furzexplosionen nicht mehr so hoch ist.

SCHMERZ

IST SCHMERZ GUT ODER SCHLECHT?

Wetten du sagst: schlecht. Schmerz ist furchtbar, nicht wahr? Niemand erleidet gerne Schmerzen. Ohne Schmerz könntest du dich allerdings schwer verletzen, ohne überhaupt zu erkennen, dass du in Gefahr bist. Schmerz erfüllt zwei wichtige Aufgaben:

- Er hält dich davon ab, etwas zu tun, das dir schadet oder schaden könnte.
- Er sorgt dafür, dass du dich um eine Verletzung kümmerst, sodass diese ordentlich heilen kann.

Dein Gehirn enthält selbst keine Schadensrezeptoren. Deshalb liegt die Ursache für »Kopfschmerzen« nie im Kopf.

Angenommen, du hast gerade einen heißen Topf angefasst, bist auf dem Spielplatz hingefallen oder dir ist irgendetwas anderes Unangenehmes passiert.

Dicht unter der Oberfläche deiner Haut sitzen Schadensrezeptoren. Sie reagieren auf drei verschiedene Arten von Verletzung oder Gefahr:

- Extreme Hitze oder Kälte.
- Verätzungen durch Säuren oder Basen.
- Stöße – beispielsweise, wenn du dir das Knie aufschlägst.

Wenn diese Rezeptoren ausgelöst werden, senden sie zwei Arten von Signalen an dein Gehirn:

- Schnelle Signale, die dafür sorgen, dass du sofort *Auaa!* sagst. Sie ermöglichen eine sofortige Reaktion (damit du beispielsweise die Hand sehr schnell vom heißen Topf nimmst).
- Langsame Signale, die für einen anhaltenden, pochenden Schmerz sorgen.

Viele Dinge können beeinflussen, wie stark du Schmerzen spürst. Es gibt Berichte von Menschen, die schreckliche Verletzungen erlitten hatten und diese kaum bemerkten. Ein solcher Vorfall ereignete sich in der Schlacht bei Aspern 1809 in Österreich. Ein österreichischer Oberst führte vom Rücken eines Pferdes seine Truppen an, als ihn ein Soldat darauf hinwies, dass man ihm sein rechtes Bein weggeschossen hatte. »Tatsächlich«, entgegnete er und kämpfte weiter.

Während Ablenkung Schmerzen *vermindern* kann, werden diese durch Sorgen vor drohendem Schmerz fast immer *verstärkt*. Falls du schon einmal operiert wurdest, hat man dir vielleicht ein Tablet zum Spielen gegeben, während die Kanüle für die Narkose in deinen Arm eingeführt wurde. Manche Krankenhäuser machen das so, damit Kinder weniger Angst empfinden und dann hoffentlich weniger Schmerzen spüren.

Wenn du hinfällst und dir das Knie aufschlägst oder wenn du dir die Hand verbrühst, verschwindet der Schmerz meist, wenn die Verletzung geheilt ist.

Manchmal allerdings bleiben die Schmerzen. Man sagt dann, sie sind chronisch. Leider ist so etwas oft schwierig zu behandeln und verursacht generell große Probleme.

Ist Schmerz nun gut oder schlecht? Du siehst, beides ist möglich – es kommt auf die Umstände an.

DAS IMMUNSYSTEM

Weißt du, dass eine ganze Armee bereitsteht, um dich auf Leben und Tod zu verteidigen?

Doch, das stimmt. Sie heißt **Immunsystem**.

Du verfügst über einfache Abwehrmechanismen wie Ohrenschmalz, der Insekten und Schmutz den Eintritt ins Ohr erschwert. Zusätzlich sind aber Spezialtruppen unterwegs, die *alles* aufspüren, was nicht in deinen Körper gehört, und es nötigenfalls töten. Zu den Feinden gehören:

- Gefährliche Bakterien
- Schädliche Viren

BAKTERIEN UND VIREN – WAS IST DER UNTERSCHIED?

Gefährliche Bakterien sondern Stoffe ab, die uns krank machen. Schädliche Viren töten unsere Körperzellen oder stören ihre Funktionen. Bakterien sind Einzeller, die inner- und außerhalb eines Körpers leben können. Viren sind nicht einmal Zellen, sondern chemische Verbindungen, die nur in lebenden Zellen existieren können. Sind sie in eine Zelle eingedrungen, zwingen sie diese dazu, das Virus zu vervielfältigen. Sind Viren dann überhaupt lebendige Wesen? Die Wissenschaftler sind sich da nicht einig.

Den Kern der Abwehrtruppe bilden die **weißen Blutkörperchen**. Es gibt fünf verschiedene Typen, die allesamt wichtige Aufgaben erfüllen. Aber die **Lymphozyten** werden auch »die schlausten kleinen Zellen im ganzen Körper« genannt. Warum? Weil sie praktisch alle Sorten von unerwünschten Eindringlingen erkennen und eine rasche Abwehrreaktion einleiten können.

Auch von Lymphozyten gibt es zwei Arten und von diesen weitere Untertypen. (Ich habe nicht behauptet, das Immunsystem sei einfach. Aber es ist auch *genial*.)

LYMPHOZYTEN

T-ZELLEN (ELITETRUPPE)

T-Helferzellen

Diese Zellen werden durch eine Infektion aktiviert. Sie stimulieren die zytotoxischen T-Zellen und fordern die B-Zellen zum Eingreifen auf.

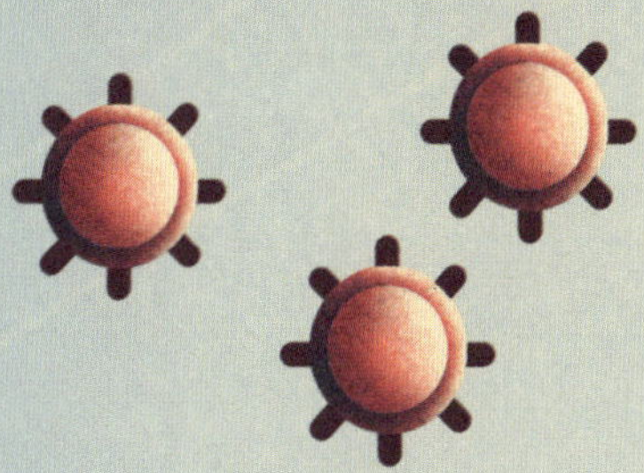

Zytotoxische T-Zellen

Diese töten von Viren befallene Zellen. Außerdem töten sie Bakterien und andere Angreifer.

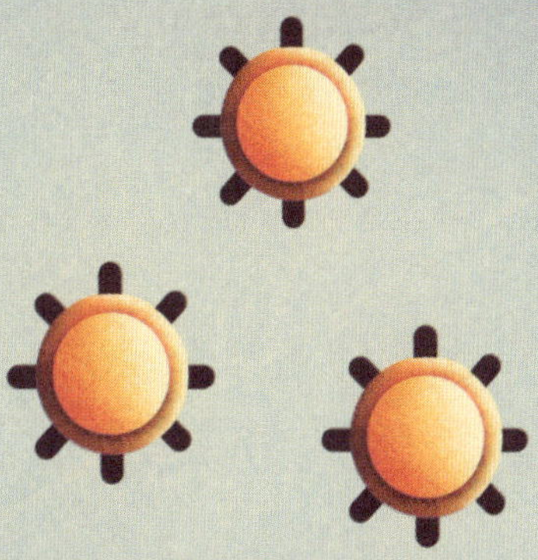

B-ZELLEN (CHEMISCHE WAFFEN)

B-Zellen

Diese Zellen bilden Antikörper, die sich an Eindringlinge wie Viren, Bakterien, Pilze und Parasiten anheften. Covid-19-Antikörper verhindern beispielsweise, dass das Covid-19-Virus in gesunde Zellen eindringt und sie schädigt. Wenn sich Antikörper anheften, senden sie außerdem das Signal an andere Immunzellen: Hierher! Zerstören!

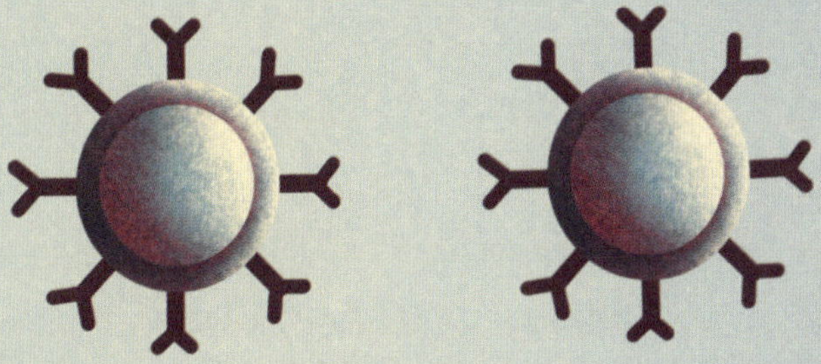

Nach einer Infektion werden manche B-Zellen und T-Zellen zu langlebigen **Gedächtniszellen**. Diese merken sich genau, wie der Eindringling ausgesehen hat. Falls dieser es noch einmal probiert, erkennen sie ihn sofort und geben den Truppen Marschbefehl.

Gedächtniszellen sind außergewöhnlich. Seit meiner Kindheit habe ich kein Mumps mehr gehabt, weil irgendwo in mir T-Gedächtniszellen sitzen, die mich seit mehr als 60 Jahren vor einer zweiten Mumps-Infektion schützen.

WIE FUNKTIONIEREN IMPFSTOFFE?

Sie funktionieren auf verschiedene Weise, aber alle lehren das Immunsystem, ein Schlüsselprotein (oder mehrere) auf der Oberfläche des Angreifers zu erkennen und zu bekämpfen. Wenn der Feind dann tatsächlich angreift, erkennt ihn das Immunsystem sofort und kann den Gegenangriff einleiten.

KRANKHEITEN

Wenn du als kriminelles Superhirn versuchen wolltest, die perfekte entsetzliche Krankheit zu entwerfen, bräuchte sie folgende Eigenschaften:

- *Unglaublich* ansteckend.
- *Extrem* tödlich.
- *Schwer* einzudämmen.
- *Völlig unempfindlich* gegen Impfstoffe.

Zum Glück sind die meisten gefährlichen Krankheiten in Wirklichkeit nicht in allen vier Eigenschaften gut.

Nehmen wir das Ebolavirus, das unstillbare Blutungen verursachen kann. Es bekommt bei den ersten beiden Punkten unserer Liste einen fetten Haken für »Ja«:

- Ebola ist auf geradezu haarsträubende Weise ansteckend. Ein Tröpfchen Blut von der Größe dieses Buchstabens o kann bis zu 100 Millionen Ebola-Partikel enthalten.
- Jeder einzelne dieser Partikel ist so tödlich wie eine Handgranate.

Ebola lässt sich allerdings leicht eindämmen, weil es sich aus zwei Gründen nicht gut verbreiten kann:

1) Die Furcht vor Ansteckung ist so groß, dass alle sofort fliehen, wenn eine Person Symptome zeigt.

2) Ebola-Betroffene werden sehr schnell sehr krank. Deshalb isolieren sie sich häufig, bevor sie viele andere Menschen anstecken können.

Ein Virus ist erfolgreich, wenn es zwar nicht besonders effektiv tötet, aber sich weit verbreitet. Deshalb ist die Grippe (auch: Influenza) jeden Winter ein großes Problem – besonders für ältere Menschen, deren Immunsystem in der Regel schwächer ist. Ein Grippevirus macht seine Opfer schon einen Tag vor dem Auftreten erster Symptome ansteckend. Und selbst wenn Besserung eingetreten ist, bleibt die Ansteckung noch eine Woche möglich. So tragen viele Betroffene zur Verbreitung bei.

Auch Covid-19 hat eine ziemlich lange ansteckende Phase: Eine Person mit dem Virus kann andere schon einige Tage vor den ersten Krankheitssymptomen anstecken und auch noch bis etwa eine Woche danach. Und Covid ist sehr gut in der Ausbreitung. *Aber*: wie bei der Grippe sind auch bei Covid-19 Impfstoffe verfügbar.

Viele unserer Krankheiten stammen aus dem Tierreich – insbesondere von Nutztieren. Sowohl Lepra als auch Pest, Tuberkulose, Typhus, Diphtherie, Masern und Grippeviren sprangen allesamt von Tieren wie Ziegen, Schweinen, Kühen und Hühnern auf uns über. Auch Covid-19 soll von einem Tier übertragen worden sein – möglicherweise einer infizierten Fledermaus.

Die Grippe hat viele Menschen getötet. Bei der **Spanischen Grippe** von 1918 kamen an die 100 Millionen ums Leben. Dabei war sie gar nicht besonders tödlich: »Nur« 2 oder 3 von 100 Infizierten starben – aber es gab viele Infizierte und keine Impfstoffe.

Die **Pocken** waren wahrscheinlich eine der verheerendsten Krankheiten der Menschheitsgeschichte. Fast jeder Kontakt führte zur Ansteckung. Drei von zehn Infizierten starben, denn das Immunsystem wurde von der massiven Infektion einfach überwältigt. Im 20. Jahrhundert forderten die Pocken etwa 500 Millionen Menschenleben.

Der Untergang des Pockenvirus war, dass es nur Menschen befiel. So konnte es sich nicht in Tiere zurückziehen, als Ärzte die Krankheit schließlich erfolgreich mit Impfstoffen bekämpften. Im Jahr 1980 erklärte man die Welt für pockenfrei.

Aber *wie* ansteckend waren die Pocken nun eigentlich? Ein aus Pakistan zurückgekehrter Deutscher erkrankte 1970 an Pocken. Natürlich wurde er im Krankenhaus isoliert. Eines Tages öffnete er aber das Fenster und lehnte sich hinaus. Das genügte, um 17 Personen zu infizieren, manche davon zwei Stockwerke entfernt.

KAMPF GEGEN INFEKTIONEN

Impfungen sind nicht unsere einzigen Waffen gegen Krankheiten. Natürlich gibt es auch noch Medikamente.

Das Wort »Antibiotika« bedeutet: gegen (= anti) lebende Organismen (= biota). **Antibiotika** wirken gezielt gegen Bakterien.

Vielleicht hast du in der Schule schon etwas über Penicillin gehört. Aber ich wette, du kennst nicht die ganze unglaubliche Geschichte, wie es entdeckt und angewendet wurde …

TEIL EINS: FLEMINGS SCHMUTZIGES GESCHIRR

Der schottische Arzt und Bakteriologe Alexander Fleming ging 1928 in Urlaub. Er ließ ein paar schmutzige Petrischalen mit Bakterien in seinem Labor im Londoner St. Mary's Hospital stehen. Während seiner Abwesenheit flogen Schimmelpilzsporen in eine der Petrischalen.

Es waren also drei eigentlich gewöhnliche Dinge passiert:

1. Fleming säuberte die Petrischalen nicht.
2. Da es ein kühler Sommer war, bildeten Schimmelpilze in der Gegend Sporen. (Sporen sind so etwas Ähnliches wie Samen.)
3. Bis zu Flemings Rückkehr rührte niemand die Petrischalen an.

Aber sie führten zu einem außergewöhnlichen Ergebnis …

Als Fleming zurückkam, sah er, dass die Bakterien prächtig gewachsen waren, und zwar in allen Petrischalen bis auf eine. In diese waren Pilzsporen gelangt, und die Bakterien waren abgestorben. Fleming schloss daraus, dass der Pilz die Bakterien abgetötet hatte. Das war eine bedeutsame Entdeckung, die er in wissenschaftlichen Zeitschriften verbreitete.

Da der Pilz *Penicillium notatum* hieß, nannte Fleming sein Bakterien besiegendes Produkt »Penizillin«. Er wusste: Wenn es Bakterien abtöten konnte, würde es auch bakterielle Infektionen heilen und Leben retten können.

Aus der Entdeckung ein anwendbares Medikament zu erschaffen war aber nicht einfach. Ein von Howard Florey in Oxford angeführtes Team machte große Fortschritte, aber noch immer gab es kein Medikament, das vielen Menschen helfen konnte. Erst in den 1940er-Jahren gelang in einem Labor in den USA der Durchbruch …

TEIL ZWEI: IRGENDEINE MELONE

Ein Assistent des amerikanischen Labors brachte vom Gemüseladen eine Zuckermelone mit, auf der ein »schöner goldener Schimmelpilz« wuchs, wie er bemerkte. Die Kollegen schabten den Pilz ab, teilten die Melone und aßen sie auf. Den Pilz untersuchten sie und fanden heraus, dass er 200 Mal wirksamer gegen Bakterien war als alles bis dahin Bekannte. Bis heute stammt *alles* Penicillin auf der Welt von dem Pilz auf dieser einen Melone ab.

Was sind Pilze? Lange Zeit hielten Forscher sie für etwas seltsame Pflanzen. Dabei sind sie mit Tieren enger verwandt. Allerdings sind sie auch keine Tiere. Die meisten Pilze sind entweder Schimmelpilze oder Hefen.

Penicillin und andere Antibiotika haben zahllose Leben gerettet. Die Ärzte sind aber vorsichtig geworden und verschreiben es nicht mehr so oft. Dafür gibt es zwei wichtige Gründe:

ANTIBIOTIKARESISTENZ

Bei jedem Kontakt mit Antibiotika haben Bakterien die Chance, eine Abwehr gegen diese Stoffe zu entwickeln und dagegen unempfindlich zu werden.

BREITES WIRKUNGSSPEKTRUM

Antibiotika töten nicht nur schädliche, sondern alle Arten von Bakterien – nützliche wie schädliche.

Manche Pilze heilen nicht, sondern verursachen Gesundheitsprobleme. Das gilt beispielsweise für die juckende Haut bei Fußpilz.

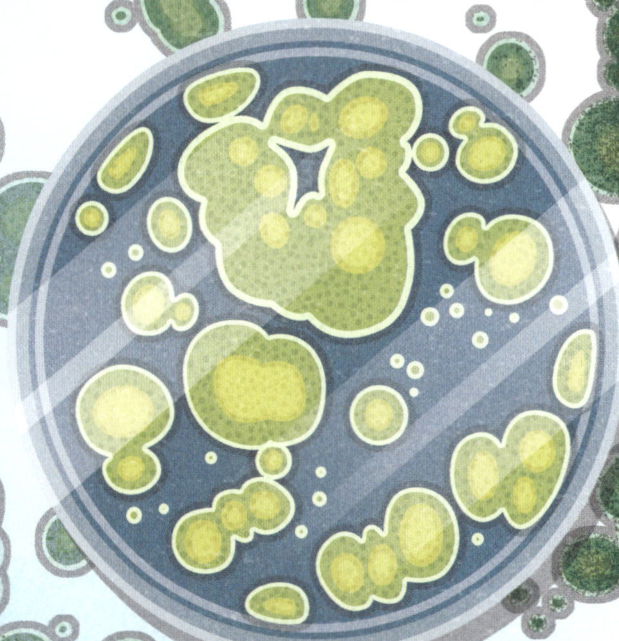

HEUTIGE FEINDE

Mit dem Sieg über die Pocken ist Tuberkulose (TB) zur weltweit tödlichsten Infektionskrankheit geworden. Jedes Jahr sterben zwischen 1,5 und 2 Millionen Menschen daran. TB wird durch ein Bakterium verursacht. Dabei gibt es einen TB-Impfstoff und wirksame Behandlungsmethoden. Leider erreicht diese Hilfe nicht alle Betroffenen: 95 % aller TB-Opfer stammen aus armen Ländern.

In Teilen Afrikas benutzen Ärzte speziell ausgebildete Ratten, die TB in Hustenproben erschnüffeln können. So können Infizierte rasch behandelt und Leben gerettet werden.

EIN SEHR TRICKREICHER FEIND

Auch an Malaria sterben viele Menschen. Die Ansteckung passiert durch den Stich einer Mücke, die bereits an einer infizierten Person Blut gesaugt hat. Die meisten der etwa 600 000 Menschen, die Jahr für Jahr an Malaria sterben, sind Kinder in Afrika.

Im Jahr 2021 genehmigte die Weltgesundheitsorganisation den ersten Malariaimpfstoff. Seine Entwicklung brauchte 30 Jahre harter Arbeit. Warum so lange? Weil der Erreger, ein Einzeller namens **Plasmodium**, ständig seine Oberfläche verändert. Deshalb war es so schwierig, das Immunsystem so zu trainieren, dass es ihn erkennt.

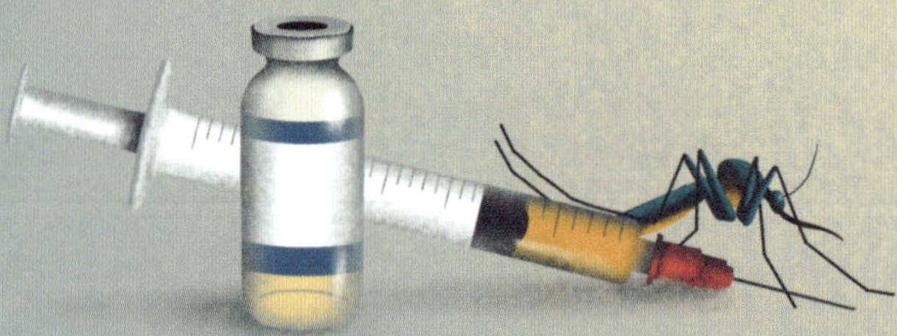

Etwa *eine Milliarde* Menschen leiden an **vernachlässigten tropischen Krankheiten**. Diese befallen vor allem arme Menschen in Teilen Afrikas, Asiens und Amerikas. Man nennt sie »vernachlässigt«, weil die Pharmaunternehmen (Firmen, die Medikamente herstellen) keine Impfstoffe gegen diese Krankheiten entwickelt haben.

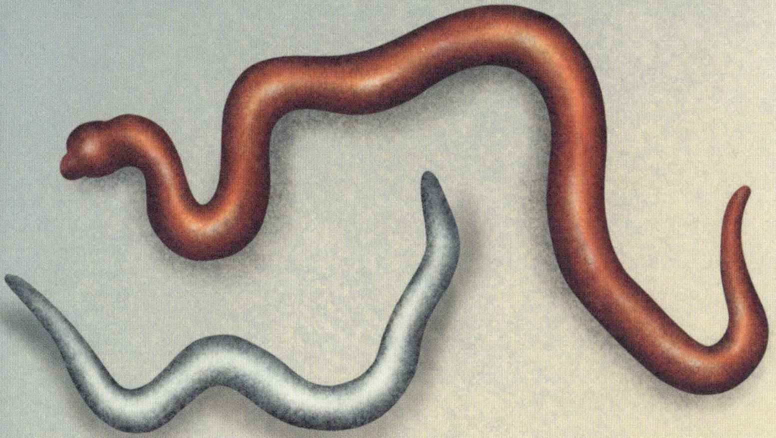

BOHRENDE WÜRMER

Eine dieser vernachlässigten tropischen Krankheiten ist der Befall mit dem **Medinawurm**. Dieser wächst im Körper seiner Opfer bis zu einem Meter Länge heran. Dann bohrt er sich durch die Haut nach draußen. Es gibt keine Impfung und kein Medikament, das ihn tötet. Wenn der Wurm den Kopf herausstreckt, muss man ihn um ein Hölzchen wickeln und so langsam aus dem Körper ziehen, dass das Tier nicht reißt. Das kann viele Tage dauern.

Parasiten sind Organismen, die in – oder auf – anderen Lebewesen leben und von diesen ihre Nahrung beziehen. Zu den Parasiten des Menschen zählen Krätzmilben und verschiedene Würmer (z. B. Medinawurm, Bandwürmer) sowie die winzigen Erreger der Malaria.

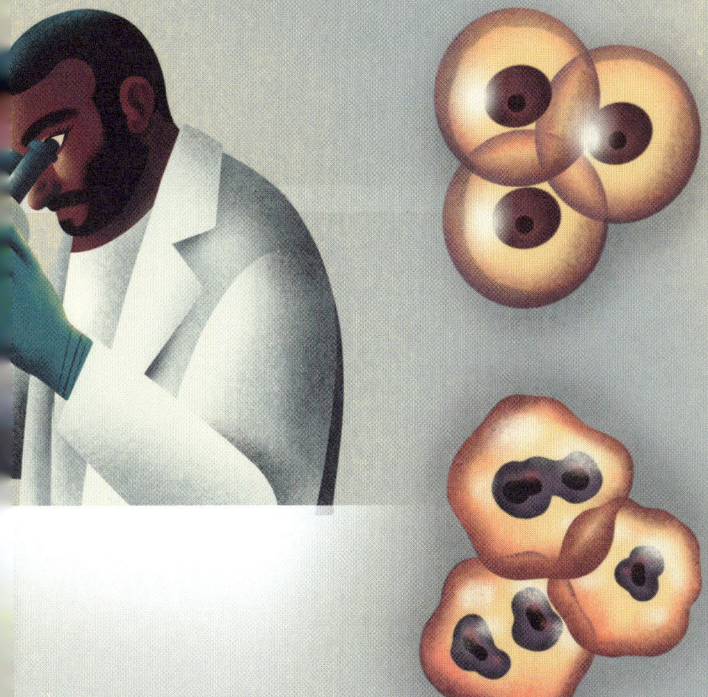

NICHT ANSTECKEND: HERZKRANKHEITEN UND KREBS

Die meisten Menschen sterben heute nicht an Infektionen, sondern an Herzkrankheiten.

Probleme am Herzen folgen häufig aus Fettablagerungen in den Arterien, die das Organ versorgen. Diese können den Zustrom von sauerstoffreichem Blut von der Lunge in den Herzmuskel einschränken oder ganz blockieren. Wenn so ein Herzinfarkt passiert, stirbt der Herzmuskel ab.

Zwei Möglichkeiten zur Vorbeugung gegen Herzkrankheiten und andere Erkrankungen (wie Krebs) sind:

- gesundes Essen.
- viel Bewegung.

Tatsächlich gibt es auch Viren und Bakterien, die Krebs auslösen können. Der **HPV-Impfstoff** wird häufig im Alter zwischen 9 und 14 verabreicht und schützt gegen das humane Papillomvirus, das im späteren Leben Gebärmutterhalskrebs verursachen kann. Die meisten Krebsarten werden aber nicht durch Infektionen ausgelöst.

Eines ist bei allen Krebsarten gleich: Sie bestehen aus Zellen unseres eigenen Körpers ... aber diese Zellen haben sich verändert und schaden unserem Körper. Eigenschaften von Krebszellen (im Gegensatz zu normalen Zellen). Sie ...

- teilen sich immer wieder unkontrolliert.
- missachten die Signale des Körpers, damit aufzuhören.
- erschleichen sich die Versorgung mit Blut.
- breiten sich in andere Teile des Körpers aus.

Da Krebs aus körpereigenen Zellen besteht, kann es für das Immunsystem schwierig sein, ihn als Feind zu erkennen. Deshalb können sie unkontrolliert wachsen. Wenn sich Krebs in ein wichtiges Organ, ein Blutgefäß oder einen Nerv ausbreitet, kann das tödlich sein.

ALLERGIEN

Kennst du jemanden mit einer Erdnussallergie? Oder Heuschnupfen? Oder leidest du selbst darunter?

Eine **allergische Reaktion** passiert, wenn das Immunsystem gegen etwas reagiert, das gar nicht gefährlich ist.

Für jemanden mit einer ausgeprägten Erdnussallergie kann es tödlich sein, auch nur eine winzige Menge davon zu essen oder einzuatmen. Warum? Weil das Immunsystem der Person völlig überreagiert. Dann kann zum Beispiel der Blutdruck dramatisch sinken, sodass lebenswichtige Organe nicht mehr genügend versorgt werden. (Es gibt Möglichkeiten, Allergikern in solchen Situationen zu helfen. Vielleicht hat jemand in deiner Klasse solche Medikamente in der Schule immer dabei?)

Bei Heuschnupfen reagiert das Immunsystem (meist in milderer Form) auf den Blütenstaub von Pflanzen. Dann läuft die Nase, man niest und die Augen jucken.

Allergische Reaktionen werden häufig auch ausgelöst durch:

- Hausstaubmilben
- winzige Hautschuppen und Haare von Hunden oder Katzen
- Bienen- oder Wespenstiche
- Lehrer, die übers Wochenende Hausaufgaben aufgeben

Haben deine Eltern beide dieselbe Allergie, dann hast du sie mit 40-prozentiger Wahrscheinlichkeit auch.

Einmal musste ein Kind nach einem Flug aufgrund einer allergischen Reaktion ins Krankenhaus, weil ein Passagier zwei Sitzreihen entfernt Erdnüsse gegessen hatte.

Hier habe ich ein Quiz für dich (denke bitte scharf nach, bevor du dir die Antworten ansiehst ...*):

1. Warum gibt es Allergien?

2. Je reicher ein Land ist, desto mehr Bewohner haben Allergien. Warum?

3. Warum sind Erdnussallergien heute so ein großes Problem, das es früher praktisch nicht gab?

4. Warum gibt es überhaupt Hausaufgaben übers Wochenende?

*Antworten:
Das weiß niemand.
Das weiß niemand.
Das weiß niemand.
Das weiß niemand.

Allergien gibt es also, wenn das normalerweise superschlaue Immunsystem sich irrt, und etwas Harmloses (oder nicht sehr Gefährliches wie z. B. Bienengift) als gefährlichen Feind ansieht. Manchmal behandelt das Immunsystem auch eine Gruppe von körpereigenen Zellen als Feind. Dies nennt man eine **Autoimmunstörung** (oder eine **Autoimmunerkrankung**).

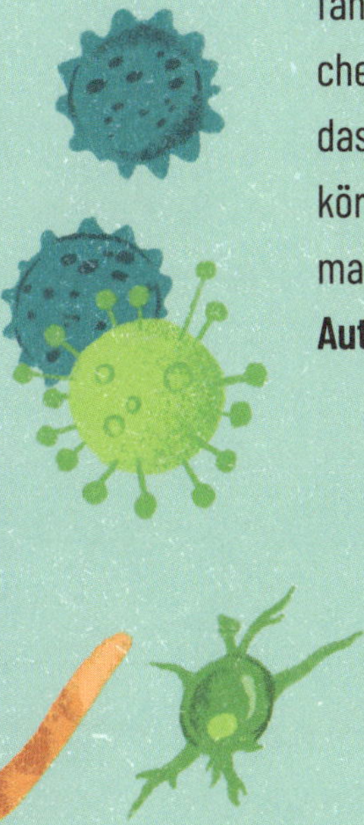

Was bringt das Immunsystem so durcheinander, dass es gesunde Zellen des eigenen Körpers angreift? Auch hier gilt ... wir wissen es einfach nicht.

AUTOIMMUNERKRANKUNG		HILFLOSES OPFER
DIABETES TYP 1	→	T-Zellen in der Bauchspeicheldrüse, die Insulin produzieren
ENTZÜNDLICHE DARMERKRANKUNG	→	Die Darmwand auskleidende Zellen
MULTIPLE SKLEROSE	→	Zellen, die Nervenfasern umhüllen, damit elektrische Signale störungsfrei durchgeleitet werden
RHEUMATOIDE ARTHRITIS	→	Zellen in der Gelenkkapsel
SCHUPPENFLECHTE	→	Hautzellen

ALTERN

Als Jeanne Calment geboren wurde, gab es weder Flugzeuge noch Autos – nicht einmal elektrisches Licht. Als sie starb, hatten Menschen den Mond betreten, das Internet erfunden und schon fünf Batman-Filme gedreht. Calment kam am 21. Februar 1875 in Frankreich zur Welt. Sie starb 122 Jahre und 164 Tage später am 4. August 1997. Damit ist sie offiziell der älteste Mensch, der je gelebt hat.

Calment wurde nicht nur als Erste 122, sondern auch 116, 117, 118, 119, 120 und 121. In hohem Alter prahlte sie charmant: »Ich hatte im Leben nur eine Falte, und auf der sitze ich.«

Calment war ohne Frage außergewöhnlich. Die Wahrscheinlichkeit, den 110. Geburtstag zu erleben, liegt bei eins zu 7 Millionen. Aber selbst vor 100 Jahren mangelte es nicht an Menschen, die ein hohes Alter erreichten.

Vielleicht hast du schon davon gehört, dass unsere Lebenserwartung – die Zeit von der Geburt bis zum Tod – früher viel geringer war. Das stimmt. Eine 1900 (also 25 Jahre *nach* Calment) in den USA geborene Frau lebte im Durchschnitt 48 Jahre. Im Jahr 2000, also relativ kurz nach Calments Tod, waren es 80 Jahre.

Wie lange könnte ein Mensch maximal leben?
Manche Ärzte glauben, dass junge Menschen, so wie du, heute um die Hälfte länger leben könnten (also 110 Jahre alt werden!). Manche halten es sogar für möglich, dass manche heute lebende Menschen 1000 Jahre alt werden.

WARUM ALTERN UND STERBEN WIR ÜBERHAUPT?

Dazu gibt es viele Theorien (aber wir wissen nicht, welche stimmen). Hier sind die drei wichtigsten:

- Deine Gene versagen und bringen dich um.
- Dein Körper nutzt sich mit der Zeit einfach ab.
- Deine Zellen ersticken an ihren eigenen Abfällen.

Aber es gibt eine Reihe von Veränderungen, die auf jeden Fall eintreten, wenn man älter wird:

- Die Harnblase wird weniger elastisch und fasst weniger Urin.
- Auch die Haut wird weniger elastisch. Sie trocknet lederartig aus.
- Blutgefäße platzen leichter; daher bekommt man leichter Blutergüsse (also kleine Blutungen unter der Haut).
- Das Immunsystem wird schwächer.
- Mit jedem Herzschlag wird weniger Blut gepumpt (also erreicht weniger Blut die Organe).

MENOPAUSE

Im Alter zwischen 45 und 55 Jahren haben Frauen ihre letzte Periode. Das nennt man **Menopause**. Bei manchen Hormonen ändert sich die Menge der Ausschüttung drastisch und die Frauen können nicht mehr schwanger werden. Früher dachte man, das geschieht, weil den Frauen die Eizellen ausgehen, aber das ist nicht der Fall. Willst du etwas wirklich Merkwürdiges wissen? Die einzigen anderen Landlebewesen, bei denen es die Menopause ebenfalls gibt, sind Schafe. Sonst ist sie im Tierreich kaum bekannt – auch nicht bei weiblichen Katzen, Schweinen und nicht einmal bei Schimpansen.

TOD

Was ist der Tod? Seltsamerweise sind sich Experten – und sogar Länder – nicht einig, was der Tod eigentlich ist.

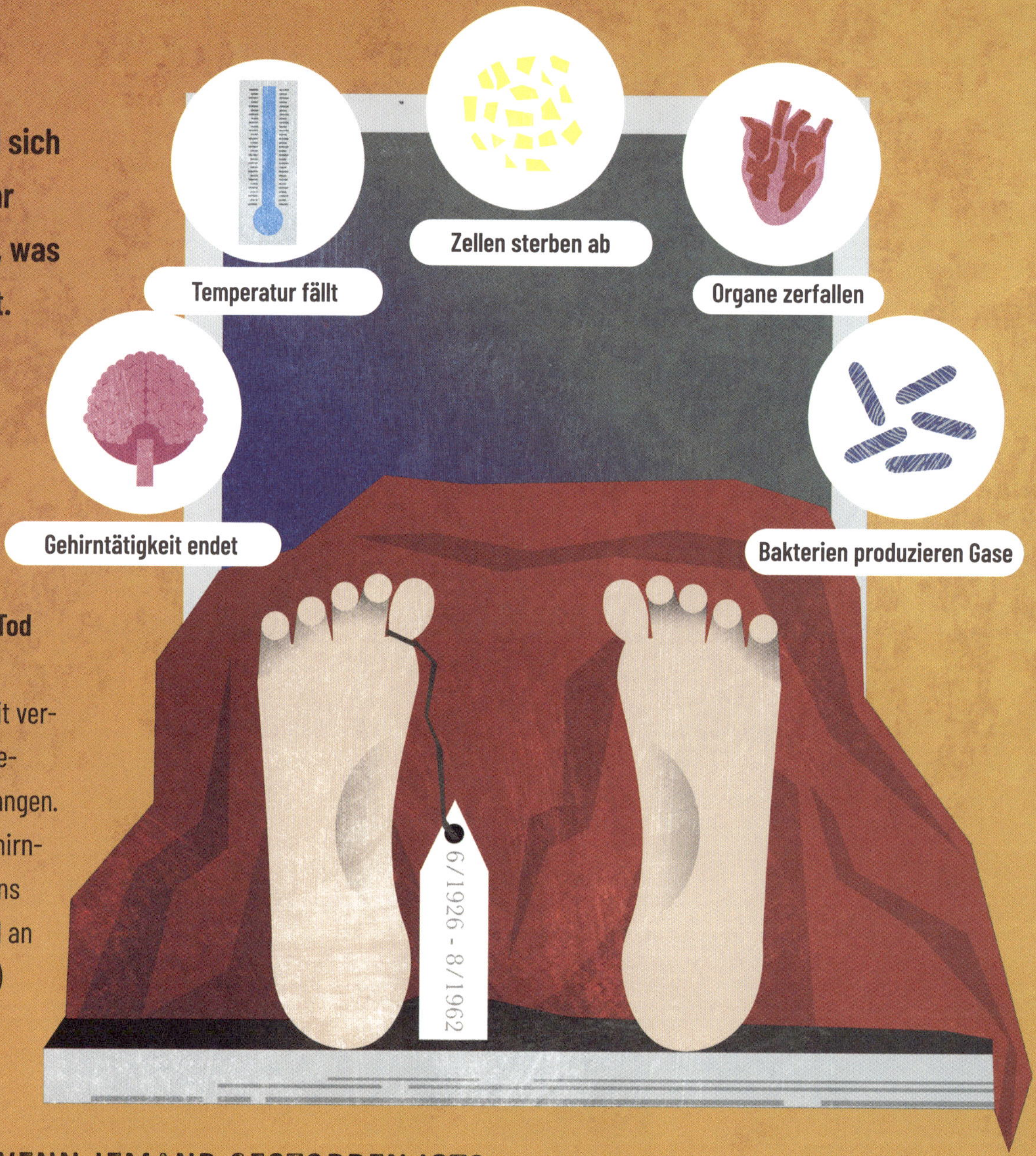

In England gilt, dass der Tod eintritt, wenn:

- die Person die Fähigkeit verloren hat, jemals das Bewusstsein wiederzuerlangen.
- alle Funktionen des Gehirnstamms (z. B. Signale ans Herz zum Schlagen und an die Lungen zum Atmen) eingestellt sind.

WAS PASSIERT, WENN JEMAND GESTORBEN IST?

Praktisch sofort entleeren sich die kleinen Blutgefäße unter der Haut. Deshalb sieht die Haut blass aus.

Körpergewebe beginnt rasch zu zerfallen. Deshalb werden Organe für Transplantationen so schnell nach dem Tod wie möglich entnommen.

Manche Organe funktionieren nach dem Tod länger als andere. Gehirnzellen sterben in drei oder vier Minuten ab. Muskel- und Hautzellen dagegen überdauern Stunden, manchmal einen ganzen Tag.

Viel von einem Leichnam ist also noch am Leben. Die Person natürlich nicht, aber alle Bakterien im Körper plus diejenigen, die in Scharen herbeiströmen. Während sie den Leichnam abbauen, bilden sie vielerlei unangenehm riechende Gase. Diese verfliegen, wenn kein Fleisch mehr übrig ist.

Unter bestimmten Bedingungen wird der Verfallsprozess unterbrochen. In der Natur passiert das im Eis oder wenn Körper im Moor versinken, wo sie durch Säuren gewissermaßen gepökelt werden und erhalten bleiben. Der Abbau kann aber auch absichtlich verhindert werden.

MUMIFIZIERUNG

Hast du schon einmal Bilder von ägyptischen Mumien gesehen? Oder sogar eine echte Mumie im Museum? Wenn im alten Ägypten Pharaonen oder andere Adlige starben, wurden ihre Körper konserviert. Man entnahm – außer dem Herz – die meisten Organe. Um das Gehirn zu entfernen, steckte man einen dünnen Metallstab in die Nase und bewegte diesen, um die Gehirnmasse zu verflüssigen. Diese ließ man dann durch die Nasenöffnungen ablaufen.

Als Nächstes wurde der Körper 40 Tage lang getrocknet. Man behandelte ihn mit natürlichen Konservierungsmitteln (um die Verwesung zu unterbinden), etwa mit Bienenwachs, und umwickelte ihn dann mit vielen Lagen Mumienbinden. Fertig war die Mumie.

WOHIN MIT DEN EINGEWEIDEN?

Die Eingeweide, die man den Toten entnommen hatte, konnte man schlecht einfach wegwerfen. Sie wurden getrennt einbalsamiert. So nennt man die Behandlung mit Konservierungsmitteln.

Danach legte man sie in vier Krüge, die sogenannten Kanopengefäße. Jedes entnommene Organ bekam ein eigenes Gefäß. Eins für die Lunge, eins für den Magen, eins für die Gedärme und eins für die Leber. Die Krüge wurden mit Deckeln verschlossen und im Grab mit beigesetzt.

UND WIE WÄR'S MIT VERBRENNEN?

In anderen Kulturen macht man sich nicht die Mühe, den Verfallsprozess aufzuhalten, sondern beschleunigt ihn noch. Bei den Hindus in Indien ist die Feuerbestattung vorgeschrieben. Die Toten werden verbrannt, damit sich die Seele vom Körper lösen kann.

DEM TOD EIN SCHNIPPCHEN SCHLAGEN

Nach all den grausigen Todesarten hier ein paar unglaubliche Überlebensgeschichten.

Dein Körper ist ziemlich widerstandsfähig. Und dein Gehirn tut alles, um dich am Leben zu halten. Aus ziemlich ungemütlichen Versuchen wissen wir, wozu es fähig ist – beispielsweise bei extremer Hitze ...

DER BEGEHBARE OFEN

Der Londoner Arzt Charles Blagden ließ 1774 einen großen begehbaren Ofen bauen. Gemeinsam mit Freunden (es müssen sehr gute Freunde gewesen sein, um sich darauf einzulassen) probierte er aus, wie lange sie es darin (in voller Bekleidung) aushalten konnten. Blagden schaffte zehn Minuten bei einer Temperatur von 92,2 Grad Celsius. Sein Freund, der Botaniker Joseph Banks, blieb für sieben Minuten bei 99,4 Grad im Ofen.

Wie nicht anders zu erwarten, erwärmte sich die Haut der Probanden stark. Blagden maß aber auch die Temperatur ihres Urins – vor und nach dem »Backen«. Sie hatte sich nicht verändert. Daher musste auch die innere Körpertemperatur gleich geblieben sein. Der Körper war also so widerstandsfähig, dass er seine Temperatur auch unter Extrembedingungen konstant hielt. (Blagden bemerkte auch, dass sie im Ofen stark schwitzten. Er erkannte, dass dies für die Kühlung des Körpers wichtig ist.)

Neben gezielten Experimenten wissen wir vieles auch aus Unglücksfällen mit glücklichem Ausgang.

DER GEFRIERSCHRANK

Noch als Kleinkind wachte Erika Nordby nachts auf und spazierte aus ihrem Haus in Kanada. Es war mitten im Winter und eiskalt. Als man sie fand, hatte ihr Herz seit mindestens zwei Stunden nicht geschlagen. Man wärmte Erika in einem Krankenhaus behutsam auf und sie erholte sich vollständig. Nur wenige Wochen später machte ein Zweijähriger auf einer Farm in den USA fast dasselbe durch und überlebte ebenfalls. Das ist wirklich verblüffend – aber Sterben ist etwas, das der Körper unbedingt verhindern will.

EINEN FLUGZEUGABSTURZ ÜBERLEBEN UND NOCH SEINEN ENKELKINDERN DAVON ERZÄHLEN (UND DAS WAR NUR DER ANFANG!)

Am 24. März 1944 war Nicholas Alkemade in einem englischen Bomber über Deutschland unterwegs. Nach einem Treffer ging sein Flugzeug in Flammen auf, und bis er bei seinem Fallschirm war, brannte der auch. Um nicht zu verbrennen, entschloss er sich, ohne Schirm zu springen ...

Aus fünfeinhalb Kilometern Höhe stürzte er mit annähernd 200 km/h in die Tiefe. »Es war sehr still«, berichtete er später. Er hatte nicht das Gefühl, zu fallen. »Ich schien in der Luft zu hängen.«

Dann stürzte er krachend ins Geäst einiger Kiefern und landete sitzend in tiefem Schnee. Er verstauchte sich ein Knie, verlor irgendwie beide Stiefel und hatte ein paar Schrammen. Ansonsten war er unverletzt.

Nach dem Zweiten Weltkrieg nahm Alkemade eine Stelle in einer Chemiefabrik an. Dort kam er bei der Arbeit wegen einer undichten Maske in Kontakt mit gefährlichem Chlorgas, verlor das Bewusstsein und wurde erst 15 Minuten später von Kollegen aus dem Gefahrenbereich gerettet. Wie durch ein Wunder überlebte er.

Als er zur Arbeit zurückgekehrt war, platzte ein Rohr, an dem er hantierte. Er wurde von Kopf bis Fuß mit Schwefelsäure bespritzt und erlitt schwere Verätzungen. Aber er überlebte.

Erneut zurück an seiner Arbeitsstelle krachte eine drei Meter lange Metallstange von oben auf ihn herab. Erstaunlicherweise überlebte er auch dies.

Schließlich fand er eine ungefährlichere Stelle als Möbelverkäufer und starb mit 64 Jahren friedlich in seinem Bett.

UNSEREM KÖRPER WIRD VIEL ZUGEMUTET. ABER ER KANN AUCH EINE MENGE AUSHALTEN.

JETZT WEISST DU BESCHEID

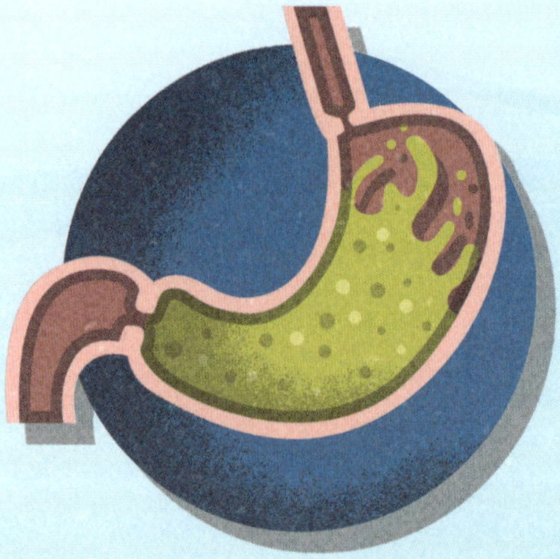

- über deinen Säure spuckenden Magen bis zu deinen Saubermann-Nieren,

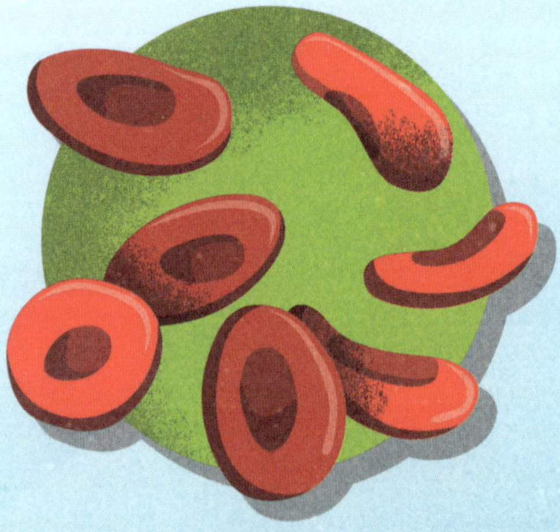

- über deine kaputten Blutkörperchen bis zu deinen lebensspendenden Lungen,

- über deine vor Milben wimmelnde Kopfhaut bis zu deinen mit Gas aufgeladenen Pupsen,

ÜBER DIE WUNDERBARE GESCHICHTE DEINES UNGLAUBLICHEN KÖRPERS.

Es ist schon in Ordnung, deinen Körper die meiste Zeit für selbstverständlich zu halten. Er weiß, dass du viel zu tun hast – Xbox und dein Handy fordern dich eben voll. Und der Körper arbeitet für dich, ob du nun einen Gedanken an ihn verschwendest oder nicht. Manchmal aber – vielleicht wenn du dir das Knie aufgeschlagen hast und die Haut wieder heilt oder wenn du herumrennst und dein Vestibularapparat dich im Gleichgewicht hält – stutzt du vielleicht kurz und erinnerst dich daran, wie großartig dein Körper ist.

Wenn du dieses Buch bis zum Ende gelesen und nicht bloß durchgeblättert hast (– ich sehe alles!), dann ist dir vielleicht etwas aufgefallen: Es gibt eine Menge Dinge, die die Wissenschaftler über den Körper nicht wissen. Ich hoffe, sie werden viele gute Antworten finden, bis du erwachsen bist. Ich will dir nicht raten, dir probeweise einen Schlauch bis ins Herz zu schieben oder so was (echt nicht!) – aber, wer weiß, vielleicht findest du ja einmal eine dieser Antworten.

Ganz egal, auf welche Weise du mehr über dieses Wunderding von Körper herausfindest: Ich hoffe, du findest ihn ebenso faszinierend wie ich.

REGISTER

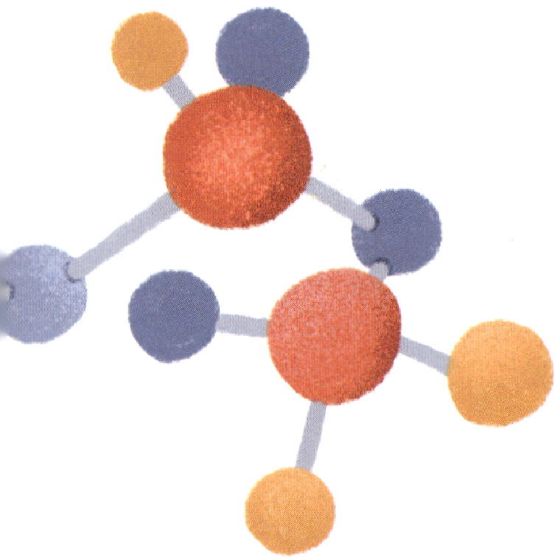

A

Adenosintriphosphat (ATP) 4 - 5, 83, 92
Aderlass 74
Adrenalin 79
After 31, 97 - 80, 99
Ägypten (Antike) 115
Alkemade, Nicholas 117
Allergien 110 - 111
Altern 112 - 113
Amboss (Gehörknochen) 48
Aminosäuren 90
Ammoniak 5, 83, 86, 88
Anpassungsfähigkeit (Gehirn) 36 - 37
Antibiotika 31, 106 - 107
antidiuretisches Hormon 79
Antikörper 103
Arme 10 - 13
Arterien 5, 18, 71, 109
Asthma 67
Atmung 13, 34, 41, 64 - 67, 67
Atome in Körper 3
ATP (Adenosintriphosphat) 4 - 5, 83, 92
Augen 1, 13, 15, 25 - 26, 38, 40 - 47
Augenbrauen 41
Autoimmunerkrankungen 111
Axonterminale 33

B

Backenzähne 54
Bakterien
  Antibiotika 31, 106 - 107
  Tod 114
  Verdauung 30 - 31, 96 - 97
  Immunsystem 102 - 103
  Haut 28 - 29
  Pickel 23
Bänder 16, 18 - 19, 48, 62
Bandwürmer 109
Banks, Joseph 116
Banting, Frederick 85
Barnard, Christiaan 73
Bauchnabel 28
Bauchspeicheldrüse 47, 84 - 85, 97, 111
Baustoffe des Körpers 2 - 3
Beaumont, William 94 - 95
Befruchtung 8, 9
Bennett, David 73
Bertillon, Alphonse 24
Berührung 26 - 27, 39
Best, Charles Herbert 85
Beuger (Muskel) 14
Bindegewebe 16
bitterer Geschmack 56
Blagden, Charles 116
blinder Fleck 43
blinzeln 1, 9, 38
Blut 70 - 71, 74 - 77

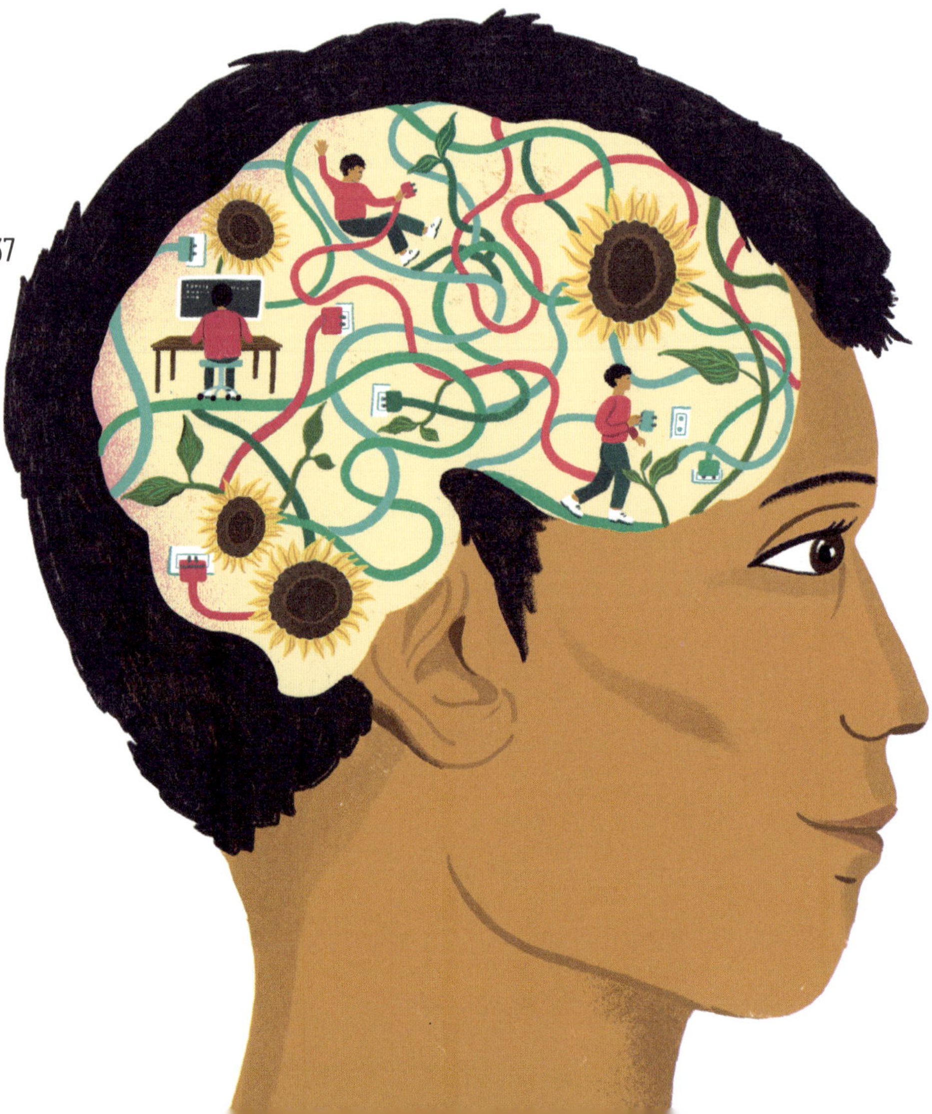

Blutdruck 71, 110
Blutergüsse 113
Blutgefäße 5, 71, 113
Blutgerinnung 77
Blutgruppen 75
Blutkreislauf 86, 70 – 71, 97
Blutplasma 77, 86
Blutplättchen 77
Blutzellen 1, 10
Brodie, Benjamin 59
Bronchiolen 64 – 65
Brunel, Isambard Kingdom 58 – 59
Brüste 80, 81
B-Zellen 103

C

Calment, Jeanne 112
Capsaicin 57
chemische Elemente 2 – 3
Chili 57
Chromosomen 6 – 7
Clevers, Hans 83
Cochlea (Gehörschnecke) 49
Cornea (Hornhaut) 42
Covid-19 103, 105

D

Darm 30, 96 – 99
Darmpassagezeit 98
Daumen 18, 19
Dendriten 33
Dentin (Zahnbein) 55
Diabetes 85, 111
DNA (Desoxyribonukleinsäure) 4 – 8, 73
Down-Syndrom 7
Drillinge 8
Drüsen 23, 53, 78

E

Ebola 104
Eckzähne 54
Eierstöcke 8, 80
Eileiter 8
Eingeweide 96 – 97, 115
Eisen 82
Eizelle 8, 80, 113
Elefanten 11, 72
Ellenbogen 16, 77
Ellennerv 18
Embryo 8 – 9
Empfängnis 8 – 9
Enddarm 97
Endoplasmatisches Retikulum 4
Energie
  ATP (Adenosintriphosphat) 4 – 5
  Kalorien 33, 92 – 93
entzündliche Darmerkrankung 111
Erdnüsse 110
Ernährung 81, 90 – 93
Escherich, Theodor 98
Escherichia coli 98
Evolution 11, 48
explodierende Fürze 99

F

Farbenblindheit 45
Farbsehen 44 – 45
Fette 82, 91, 97

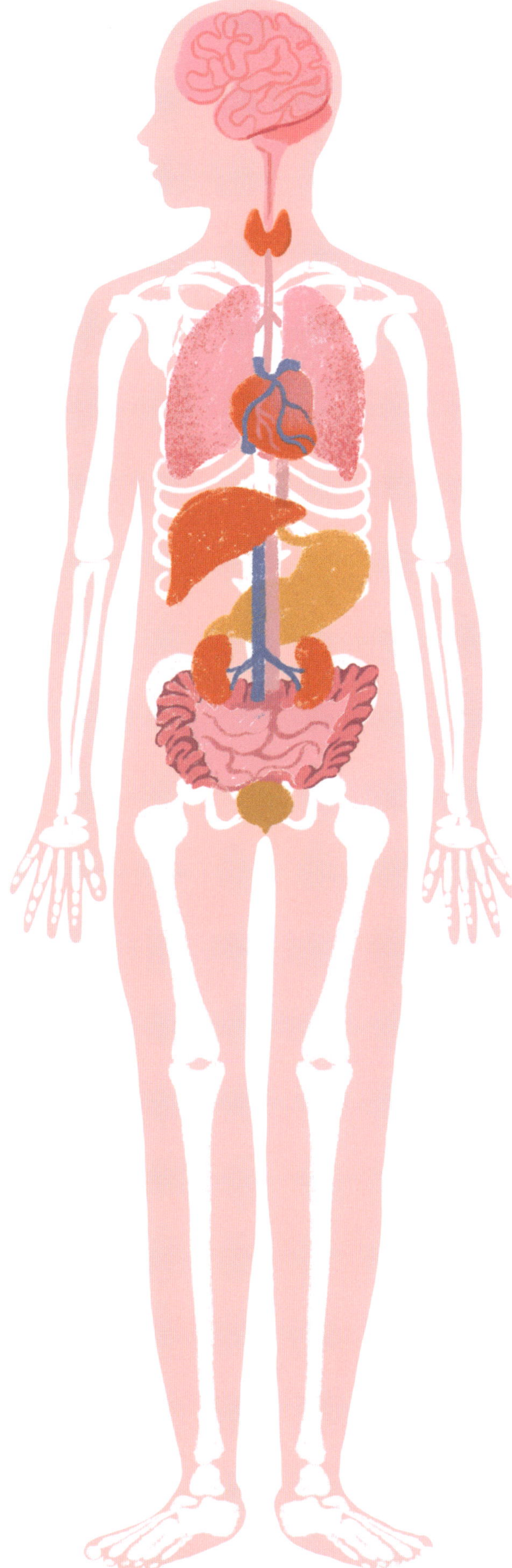

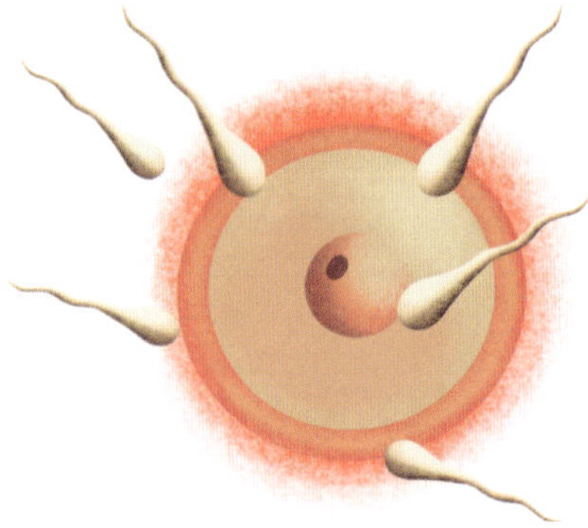

Fibrin 77
Finger 18 – 19, 24 – 27
Fingerabdrücke 24 – 25
Flatus (Furz) 98
Fleming, Alexander 106
Florey, Howard 106
Follikel (Haar) 20 – 23
Forssmann, Werner 73
Foster, Russell 47
fotosensitive Ganglienzellen 47
Fötus 9
Fovea (Sehgrube) 42
Fremdkörper 60
Friedrich der Große 74
Fürze 98 – 99
Fußbälle 88
Füße 11, 19, 23
Fußpilz 107

G

Gage, Phineas 35
Galle 82
Gallenblase 82, 89
Gänsehaut 20
Gaumenzäpfchen 53
Gebärmutter 8, 80, 109
Geburt 8 – 9
Gedächtniszellen 103
Gehirn
  innere Uhr 47
  Tod 114
  Energiebedarf 33, 93
  Neuronen 33, 35, 36
    Sinnestäuschungen 38 – 39, 43
  Anpassung 36 – 37
  Rezeptorsignale 26
  Größe 32
  Struktur 34 – 35
Gehirnhälften 35
Gehörschnecke (Cochlea) 49
Gelenke 11, 14, 16 – 17
Gemüse 90
Gene 6 – 7
genetische Mutationen 7
Genitalien 81
Geruchssinn 26, 50 – 51
Geschmack 39, 53, 56 – 57
Gesichter 40 – 41
Gesichtsblindheit 41
Gibbon, John H. 73
Giftstoffe 83, 86
Giraffen 82
Glaskörperflocken 45
glatte Muskulatur 13
Gleichgewicht 34, 49
Glukose 83, 85
Glykogen 83, 85
Golgi-Apparat 4
Grabräuber 15

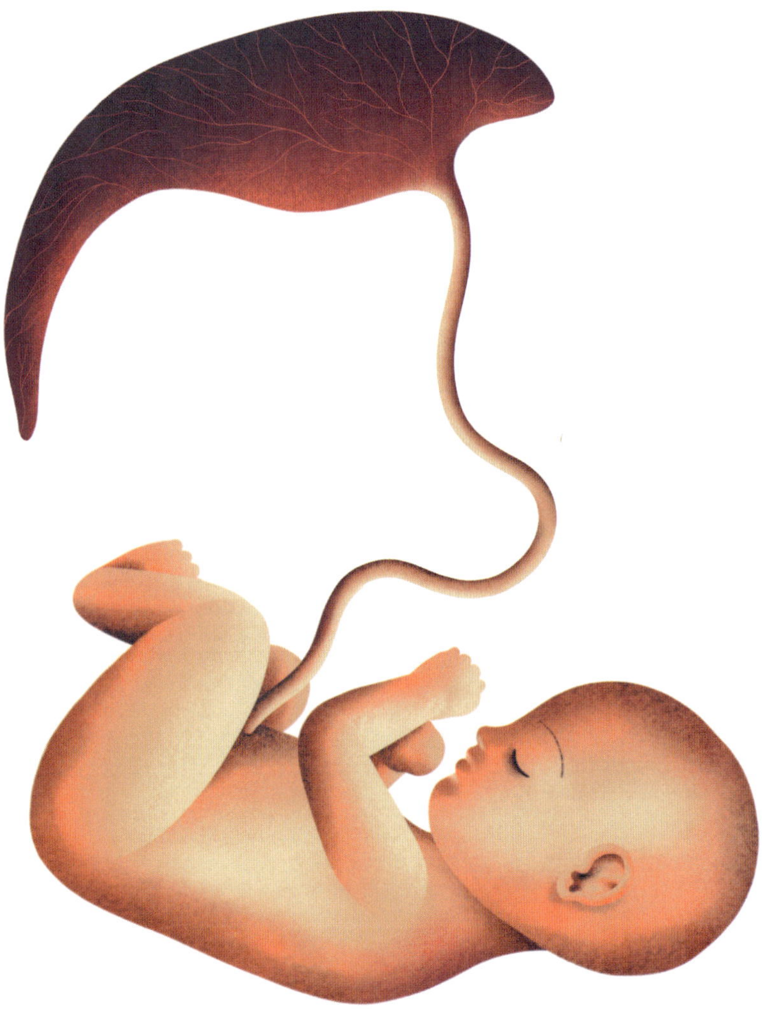

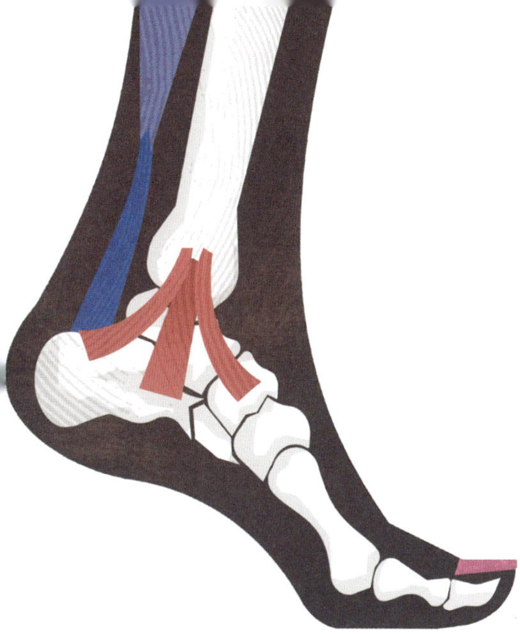

graue Substanz 33, 36
Grippe 104, 105
Großhirn 34
Großhirnrinde 34

H

Haare 20 - 21, 27, 80 - 81
Haie 17
Hammer (Gehörknochen) 48
Hämoglobin 76, 82
Hände 11 - 12, 18 - 19
Händewaschen 28
Harnblase 86, 88-89, 113
Harnstoff 83, 86, 88
Haut 22-23, 26 - 29, 113
Hautschuppen 22 - 23, 28
Hauttalg 23
Heber (Muskel) 15
Herz 13, 47, 70 - 73, 93
Herzkammern 70 - 71
Herzkrankheiten 109
Herz-Lungen-Maschine 73
Herzmuskel 13, 109
Heuschnupfen 110
Hirnstamm 34
Hoden 80 - 81
hören 48 - 49
Hormone 76, 78 - 79, 81, 113
Horripilation 20 - 21
HPV-Impfung 109
Hunde 51, 85
Hypophyse 78, 79

I

Identifikation
  Gesichter 40 - 41
  Fingerabdrücke 24 - 25
  Geruch 50 - 51
Immunsystem
  Alterung 113
  Proteinerkennung 75
  Milz 84
  Vitamin D 23
  weiße Blutkörperchen 76, 102 - 103
Impfstoffe 103, 104 - 105, 108
Infektionskrankheiten 106 - 107
Informationsprozess 32
innere Uhr 46 - 47
Insulin 84 - 85, 111
Iris 25, 42

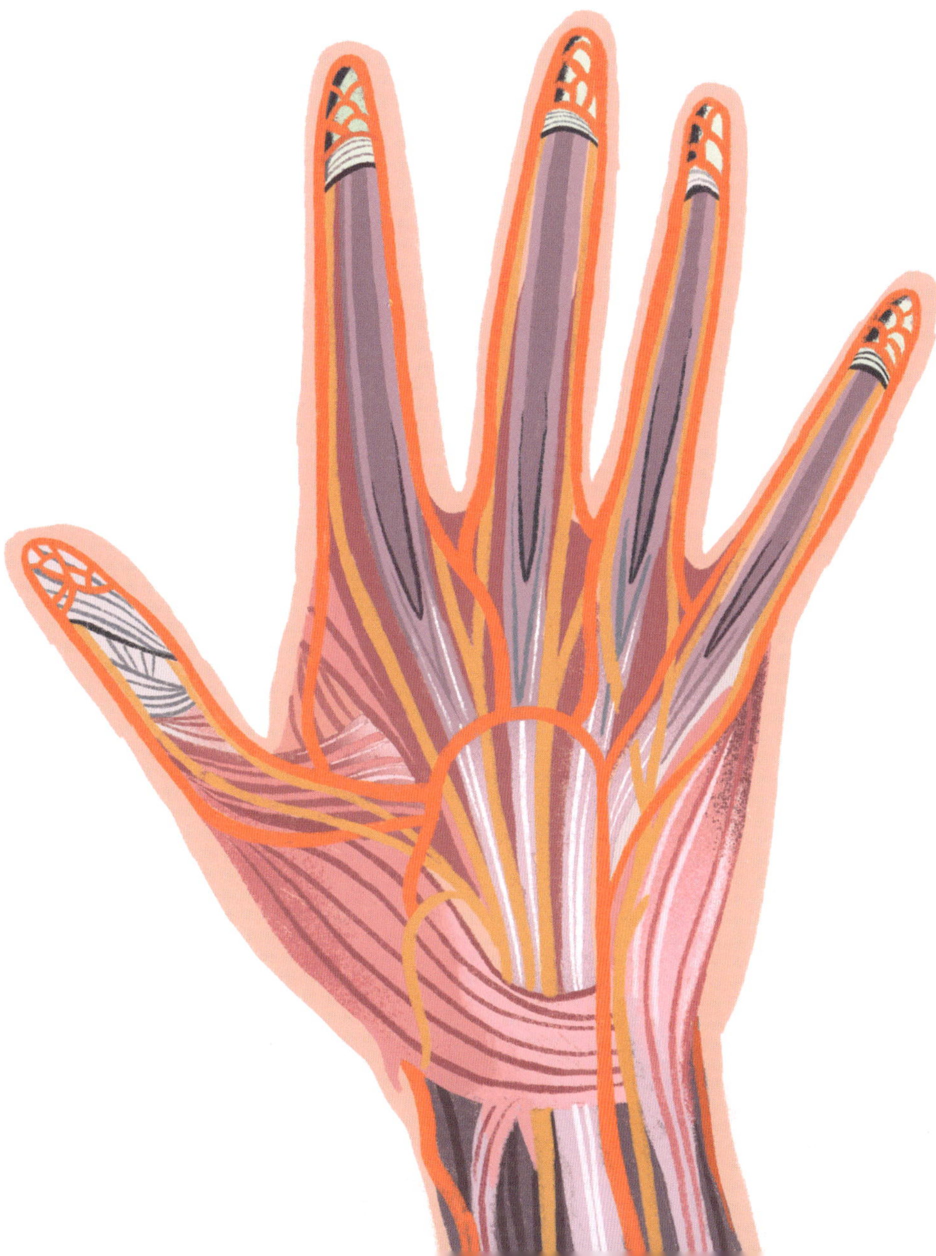

J

Jackson, Chevalier Quixote 60 - 61
Juckreiz 29
Jungen 81

K

Kacke 77, 97 - 98
Kalorien 33, 92 - 93
Kanizsa-Dreieck 39
Kapillaren 71
Karies 55
Kehle 52, 59
Kehlkopf (Larynx) 62, 80
Kinn 41
Kleinhirn 34
Knie 10, 14
Knochen 10 - 11, 16 - 17, 23, 48 - 49
Knorpel 16 - 17
Kochen 91
Kohlendioxid 5, 65, 66, 71, 99
Kohlenhydrate 91, 97
Kohlenmonoxid 76
Kohlenstoff 2 - 3, 91
Kollagen 11
Kopf 19 - 20
Kopfschmerzen 100
Kot 31, 98
Krankheiten 104 - 109
Krebs 109
Kühe 72, 105
Künstliche Befruchtung 9

L

Landsteiner, Karl 75
Lebenserwartung 1, 112
Leber 82 - 85, 93
Lederhaut 22
Lichtwellen 44
Linse 42
Lippen 52, 62
Luft 64–66
Luftröhre 17, 62, 64 - 65
Luftröhrenschnitt 59
Lunge 5, 13, 64 - 65, 71, 73
Lungenbläschen 64 - 65
Lymphozyten 102 - 103

M

Mädchen 81
Magen 14, 84, 94 - 96
Malaria 108 - 109
Mandeln (Rachen) 52
Mäuse 72
Medikamente 106 - 108
Medinawurm 109
Meissner-Körperchen 27
Melatonin 79
Menopause 113
Menschenaffen 19 - 20
Menstruation 80 - 81
Merkel-Zellen 26 - 27
Methan 99

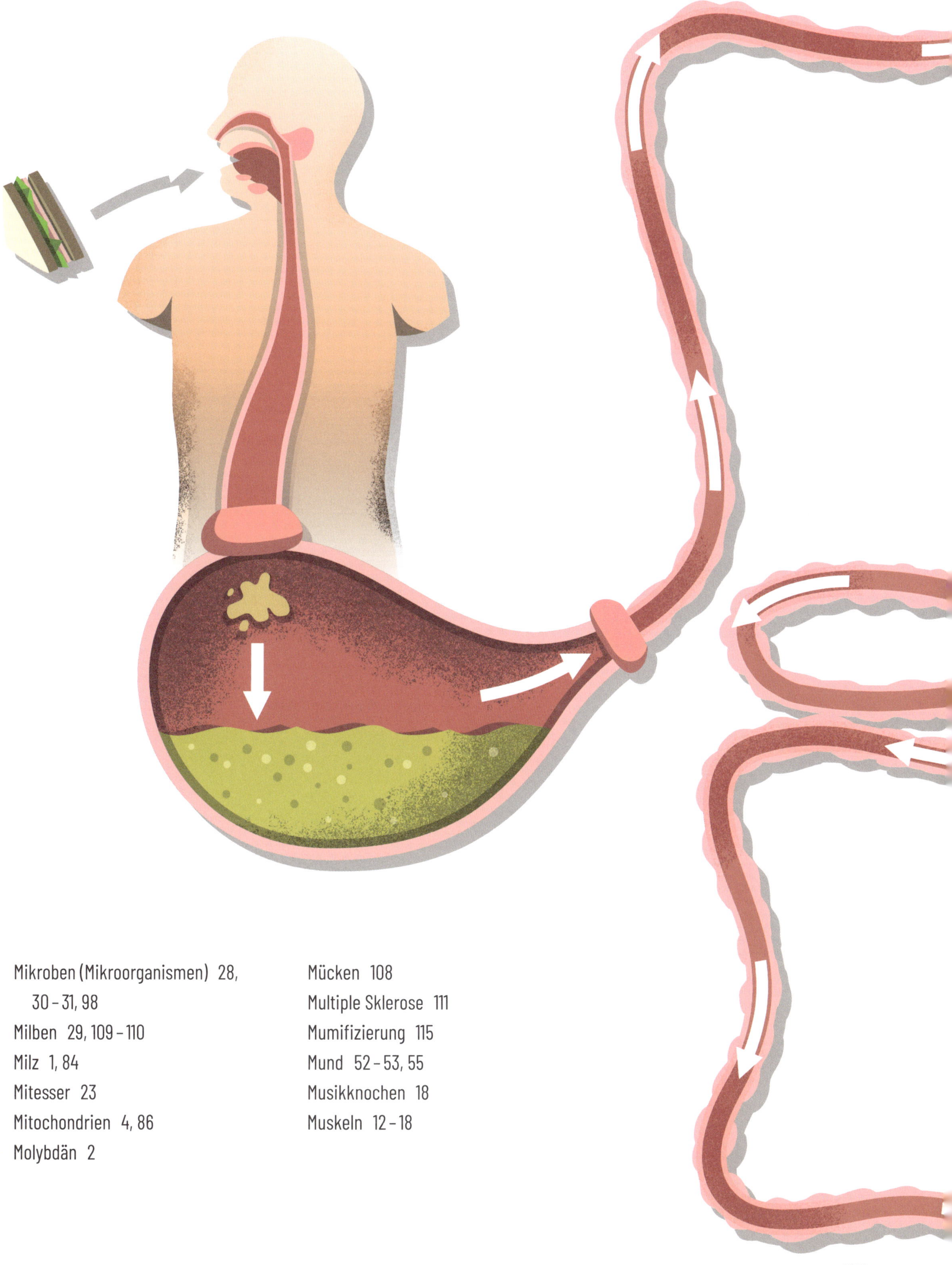

Mikroben (Mikroorganismen) 28, 30–31, 98
Milben 29, 109–110
Milz 1, 84
Mitesser 23
Mitochondrien 4, 86
Molybdän 2
Mücken 108
Multiple Sklerose 111
Mumifizierung 115
Mund 52–53, 55
Musikknochen 18
Muskeln 12–18

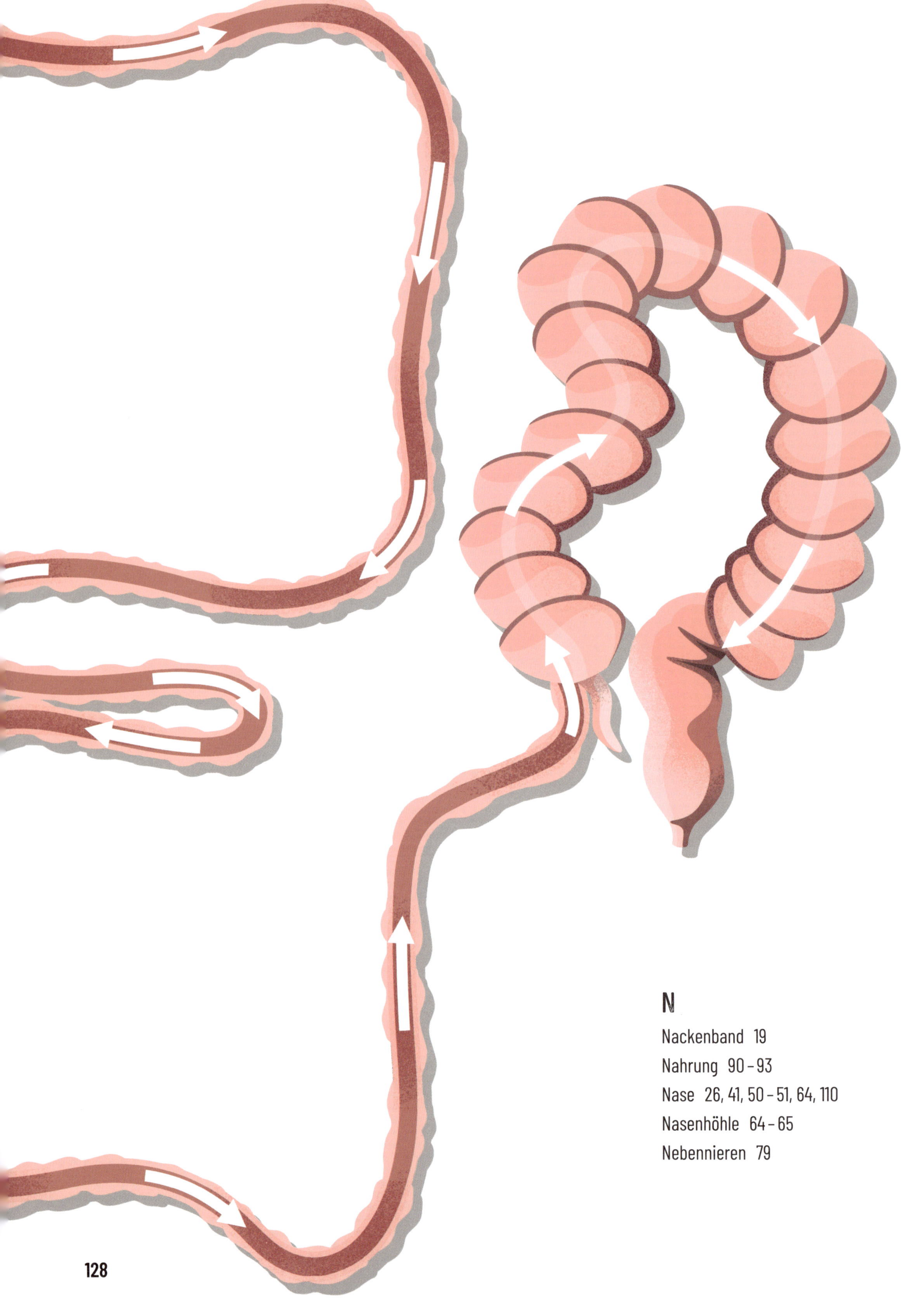

N

Nackenband 19

Nahrung 90–93

Nase 26, 41, 50–51, 64, 110

Nasenhöhle 64–65

Nebennieren 79

Nervensystem
  Musikknochen 18
  Neuronen 33
  Berührung 26 – 27
Netzhaut 42 – 45
Neuronen 33, 35 – 37
Nieren 47, 86 – 89
niesen 64
Nordby, Erika 116

O

Oberhaut 22
Ohrabdrücke 25
Ohren 48 – 49
Ohrenschmalz 102
Ohrmuschel 17, 25, 48
Ollivere, Ben, Dr. 12
Organtransplantation 73, 114
Östrogen 81
Oxytocin 79

P

Papillen 56
Parasiten 103, 109
Pearce, Neil 67
Penis 8, 81, 89
Penizillin 106 – 107
Pepys, Samuel 89
Periode (Menstruation) 80 – 81, 113
Persönlichkeit 35
Photonen 44
Pickel 23
Pilze 30, 103, 107
Plazenta 9
Pobacken 15
Pocken 105
Poren 23
Primaten 18
Proteine 4, 6, 53, 75 – 77, 82, 90, 97
Pubertät 80 – 81
Pupille 42
Purkinje, Han 24

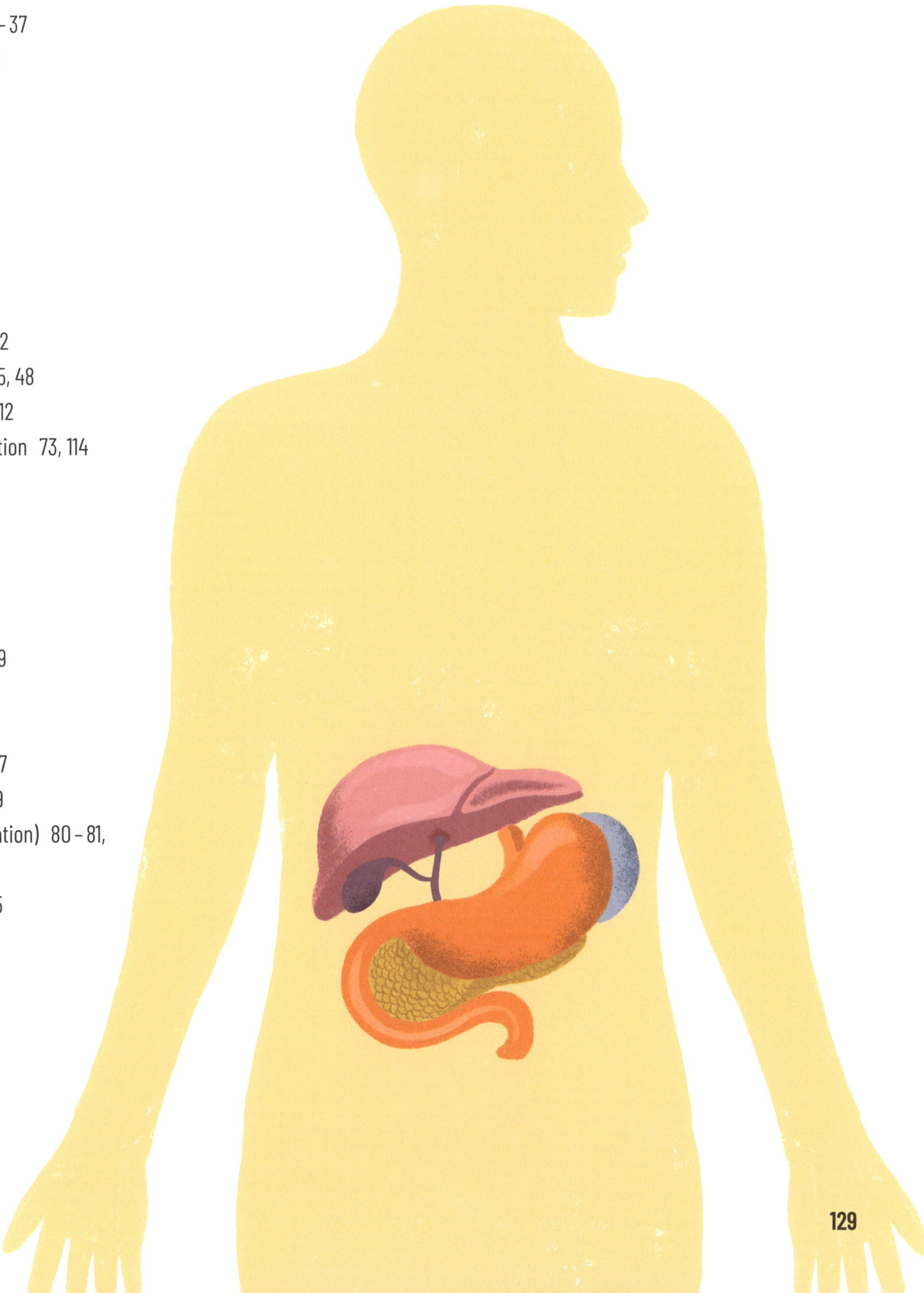

R

REM-Schlaf 69
Reptilien 44
Rezeptoren
Schmerz 57, 100
Geruch 50
Geschmack 56 – 57
Berührung 26 – 27
Rheumatoid-Arthritis 111
Rippen 65
rote Blutkörperchen 1, 76, 82
Ruffini-Körperchen 26
Rush, Benjamin 74

S

Salz 56, 86, 88
Salzsäure 95 – 96
Sauerstoff 1 – 3, 5, 9, 64 – 66, 70 – 71, 76
saurer Geschmack 56
Schachbrett-Illusion 39
Schadensrezeptoren 100
Schafe 113
Schallwellen 48 – 49
scharfes Essen 57
Schimmelpilze 106 – 107
Schimpansen 18 – 19, 62
Schlaf 68 – 69
Schleim 96
Schließmuskeln 14, 88
schlucken 58 – 61
Schmerz 57, 100 – 101
Schneidezähne 54
Schorf 77
Schuppenflechte 111
Schwefelwasserstoff 99
schwitzen 23, 116
Scoville-Skala 57
Segura i Vendrell, Aleix 66
sehen 42 – 45
Sehgrube 42
Sehnen 16
Sehnerv 42 – 43
Senkermuskeln 15
Sezieren 12
Siffre, Michel 46 – 47
Simon, Gustav 87
Singen 63
Sinnestäuschungen 39
Skelett 10 – 11, 13
Skelettmuskel 13
Spanische Grippe 105
Speichel 53, 55, 58
Speiseröhre 96

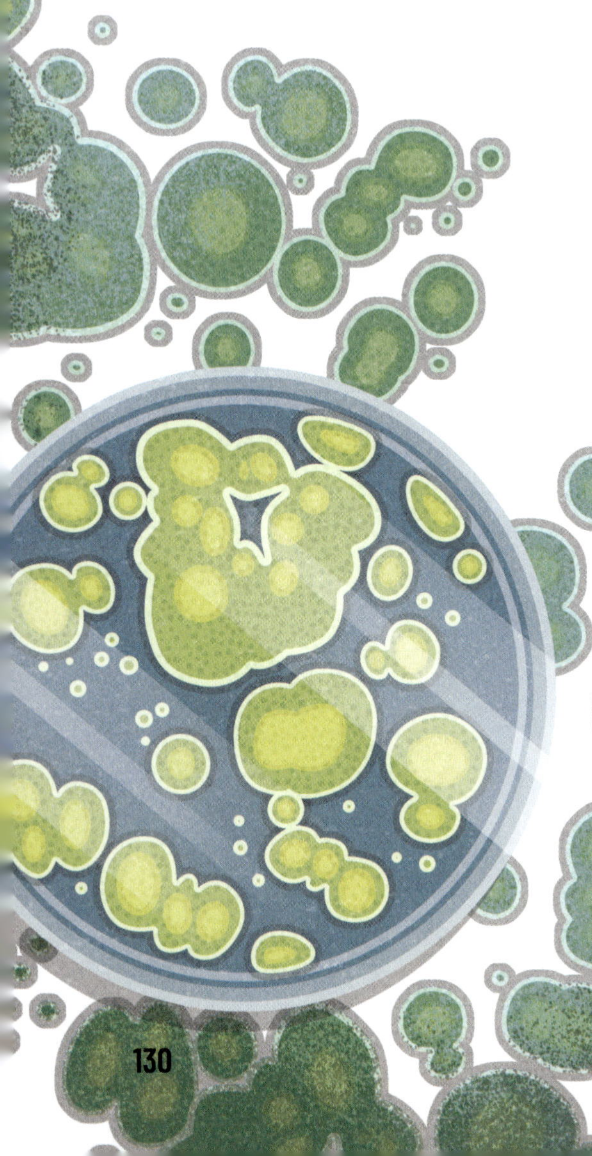

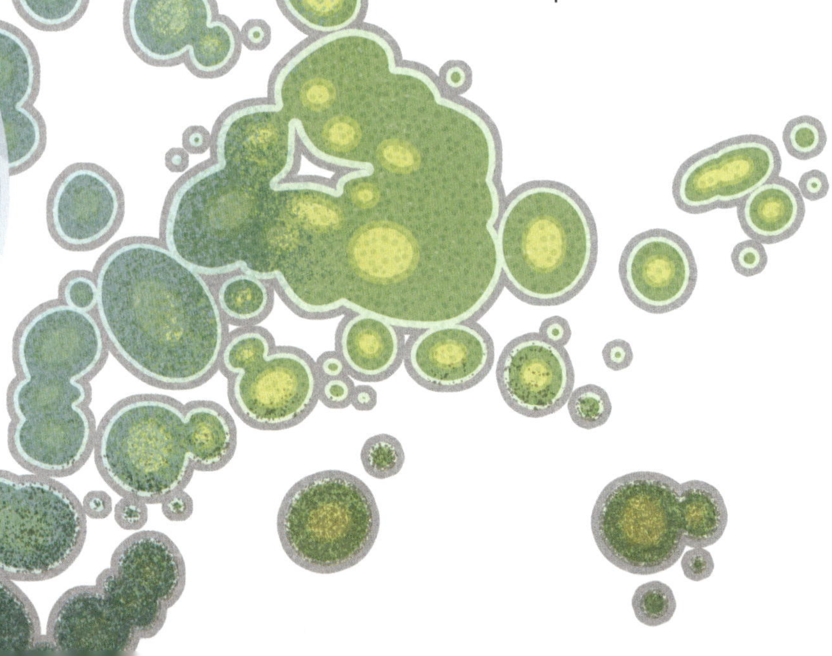

Spender
  Blut 75
  Herz 73
Spitzmaus 11
sprechen 62 - 63
St. Martin, Alexis 94 - 95
Stäbchen 42, 44, 47
stehen 10, 13, 93
Steigbügel (Gehörknochen) 48
Steine 89
Stimmbänder 62 - 63
Stottern 63
Streckmuskeln 14
Stuhl 98
süßer Geschmack 39, 56
Synapsen 33

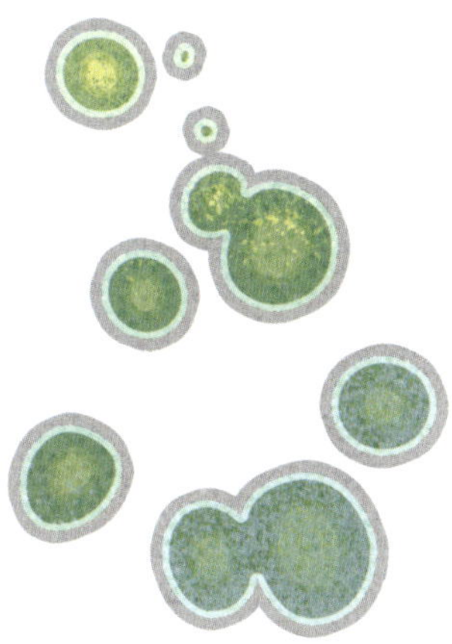

T

Taler-Illusion 39
Temperaturregulierung 23, 116
Temperaturrezeptoren 39
Testosteron 81
Tiere (übertragene Krankheiten) 105
Tod 114 - 115
Transfusion (Blut) 75
Transplantation 73, 114
Transportmoleküle 85
Träume 69
Trommelfell 48
tropische Krankheiten 108 - 109
Tuberkulose (TB) 105, 108
T-Zellen 103

U

umami (Geschmack) 56, 57
Universalspender 75
Urin 88 - 89
UV-Strahlung 23

V

Vater-Pacini-Lamellenkörperchen 26
Venen 5, 71
Verbrecher, Fingerabdrücke 24
Verdauung 30 - 31, 82, 84, 95 - 97
Verdauungstrakt 31, 96 - 97
Verletzungen 101
verschlucken 58 - 59
Vestibularapparat 49
Viren 102 - 103, 104 - 105
Vitamine 22 - 23, 26, 82, 86, 88, 90 - 93
Vögel 44, 69
Vorhof (Herz) 70 - 71
Vormahlzähne 54

W

Wachstumshormone 78
Wadlow, Robert 78
Wahrnehmung 26, 38 - 39
Washkansky, Louis 73
Wasser 3, 5, 23, 32, 53, 77, 86, 88, 92,
Weisheitszähne 54
weiße Blutkörperchen 76, 102
weiße Substanz 33, 36
Wimpern 41
Wirbelsäule 11
Wurmfortsatz (Blinddarm) 97
Wurzeln (Zähne) 55
würziger Geschmack 56

Z

Zähne 23, 52, 54 - 55
Zahnfäule 55
Zahnfleisch 31, 52
Zahnmark 55
Zahnschmelz 55
Zapfenzellen 42, 44
Zellen 4 - 5
Zellkern 4
Zellulose 90
Zucker 5, 55, 83, 91, 92 - 93
Zunge 52 - 53
Zwerchfell 65
Zwillinge 8
Zwischenrippenmuskeln 65
Zygote 8
zytotoxische T-Zellen 103

DU HAST NOCH NICHT GENUG VON

BILL BRYSON?

DANN KOMM MIT
AUF EINE ATEMBERAUBENDE REISE
DURCH RAUM UND ZEIT …

ENTDECKE DIE WUNDER
DES UNIVERSUMS UND
DIE ENTSTEHUNGSGESCHICHTE
DES MENSCHEN.

BLÄTTERE UM FÜR EINE
KURZE LESEPROBE.

WOHER WEISS MAN DAS?

In diesem Buch geht es darum, wie ES geschah – wie es kam, dass zunächst überhaupt nichts da war und dann doch etwas. Und wie aus einem klitzekleinen Teil dieses Etwas WIR entstanden sind. Und auch, was dazwischen geschah und was danach.

Für mich persönlich fing alles in der vierten oder fünften Klasse der Grundschule mit einem Schulbuch über Naturwissenschaft an, einem zerfledderten Wälzer aus den 1950er-Jahren. Aber gleich auf den ersten Seiten entdeckte ich eine Illustration, die mich sofort fesselte: Aus der Erdkugel war wie mit einem riesigen Messer ein ganzes Viertel herausgeschnitten und vorsichtig zur Seite geschoben worden, sodass man erkennen konnte, wie es im Erdinnern aussah.

Die Abbildung faszinierte mich. Wahrscheinlich stellte ich mir entsetzt vor, wie Scharen ahnungsloser Autofahrer plötzlich über den Rand einer 6400 Meter hohen Klippe in die Mitte des Planeten stürzten. Doch dann erfasste ich die nüchterne wissenschaftliche Aussage der Zeichnung und begriff, dass die Erde aus verschiedenen Schichten besteht und ganz innen einen glühenden Kern aus Eisen und Nickel hat, so heiß wie die Oberfläche der Sonne. Und ich weiß noch, dass ich dachte: **Woher kann man das wissen?**

Ich wuchs mit der Überzeugung auf, dass Naturwissenschaft todlangweilig ist, ahnte aber, dass das nicht so sein muss.

ES IST EIN WUNDER!

Ich zweifelte keine Sekunde daran, dass diese Angaben stimmten, denn mein Vertrauen zu Wissenschaftlern ist ziemlich groß. Aber eines war mir schleierhaft: Wie konnte man herausfinden, wie diese Schichten viele tausend Kilometer tief unten aussahen und woraus sie bestanden, obwohl niemand sie je gesehen hatte und kein Röntgenstrahl so weit vordringen konnte? **Für mich war das ein Wunder.**

FRAGEN ÜBER FRAGEN

Ganz aufgeregt nahm ich das Buch mit nach Hause und begann noch vor dem Abendessen drin zu lesen. Meine Mutter fasste an meine Stirn und fragte, ob mit mir alles in Ordnung sei. **Und jetzt kommt's: Was da stand, war nicht die Bohne aufregend.**

Ich bekam überhaupt keine Antworten auf die Fragen, die mich beschäftigten, zum Beispiel:

- Wie kam es zu der Sonne mitten in unserem Planeten, und woher weiß man, wie heiß es dort ist?
- Wenn es da unten glühend heiß ist, wieso fühlt sich der Boden unter unseren Füßen dann nicht heiß an?
- Warum schmilzt das übrige Erdinnere nicht – oder tut es das etwa doch?
- Wenn der Kern irgendwann ausgebrannt ist, rutscht dann ein Teil der Erde in den leeren Raum, sodass an der Oberfläche ein riesiges Loch entsteht?

WER KANN DAS BEANTWORTEN?

Der Verfasser hüllte sich in merkwürdiges Schweigen, so als wollte er alles Interessante geheim halten, indem er es unverständlich darstellte. Erst viele Jahre später, als ich bei einem Flug über den Pazifik untätig aus dem Fenster sah, wurde mir klar, dass ich nicht die geringste Ahnung von dem einzigen Planeten hatte, auf dem ich je leben würde.

ICH WUSSTE AUCH NICHT . . .

- was ein Proton ist und was ein Protein.
- wie sich ein Quark von einem Quasar unterscheidet.
- wie Geologen das Alter einer Gesteinsschicht in einer Schlucht bestimmen können.
- wie viel die Erde wiegt, wie alt ihr Gestein ist und was sich wirklich in ihrem Mittelpunkt befindet.
- wann und wie das Universum begonnen hat.
- was sich in einem Atom abspielt.
- wieso die Wissenschaftler noch immer keine Erdbeben vorhersagen können.

Es ist so: Noch bis Ende der 1970er-Jahre konnten Wissenschaftler diese Fragen auch nicht beantworten. Sie haben es sich nur nicht anmerken lassen.

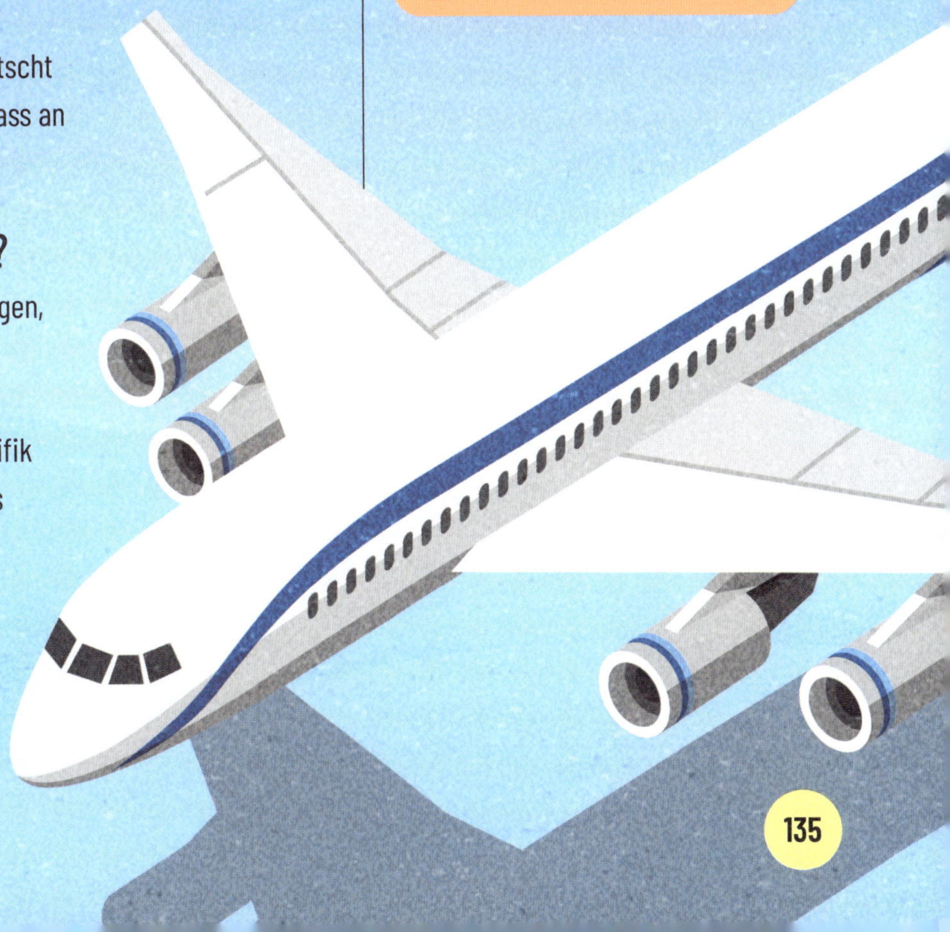

REZEPT FÜR EIN UNIVERSUM

Also: Woher kommen wir und wie hat es mit uns angefangen? Als es losging, geschah das auf der Ebene der Atome, dieser winzigen Materieteilchen, aus denen alles besteht, was existiert. Aber sehr lange Zeit gab es keine Atome und kein Universum, in dem sie umherfliegen hätten können. Es gab nichts, gar nichts, nirgendwo – bis auf ein einziges Proton! Und das reichte offenbar!

REZEPT FÜR EIN UNIVERSUM

Zutaten:

- ein Proton, auf ein Milliardstel seiner Größe geschrumpft
- jedes Fitzelchen Materie (also Staub, Gas und alle anderen Materieteilchen), das du zwischen hier und den Rändern der Schöpfung auftreiben kannst
- einen Raum, viel, viel kleiner als das klitzekleine Proton.

Nimm ein Proton ...

Auch wenn du dich noch so anstrengst, wirst du dir nicht vorstellen können, wie winzig ein Proton ist. Ein Proton ist ein unendlich kleiner Baustein eines Atoms, das ja selbst schon unvorstellbar winzig ist. Und jetzt stell dir vor (auch wenn das gar nicht geht), dass so ein Proton auf ein Milliardstel seiner Größe schrumpft und einen so winzigen Raum einnimmt, dass ein Proton im Vergleich dazu riesig ist.

Füge ...

- alle Materieteilchen hinzu, die du finden konntest
- und quetsche sie so fest zusammen, dass das Ganze keinerlei Ausdehnung mehr hat.

Ausgezeichnet! Alles bereit für ein Universum.

FERTIGMACHEN FÜR DEN URKNALL

Am besten suchst du dir ein sicheres Plätzchen, um das Schauspiel zu beobachten. Nur leider wirst du das nicht finden, denn rings um deinen winzigen Zutatenmix gibt es rein gar nichts. Zwar möchte man sich das, womit alles angefangen hat, gern als ein Pünktchen vorstellen, das im dunklen, grenzenlosen Raum schwebt. Aber vorerst gibt es weder Raum noch Dunkelheit. Unser Universum beginnt aus dem Nichts.

ES GEHT LOS

Mit einem Schlag, in einem einzigen unbeschreiblich prächtigen Augenblick, haben unsere Zutaten plötzlich Form angenommen.

- In der ersten Sekunde entstanden die **Schwerkraft** und die anderen physikalischen Kräfte.
- Nach einer knappen Minute hatte das Universum einen Durchmesser von 1,6 Millionen Milliarden Kilometern und wuchs rasant weiter.
- Es herrscht enorme Hitze, 10 Milliarden Grad – genug, damit Kernreaktionen einsetzen, durch die leichte Elemente entstehen, vor allem **Wasserstoff** und **Helium**.
- Nach drei Minuten sind 98 Prozent **all dessen** entstanden, was im Universum existiert oder je existieren wird.

Ein Proton ist ein winziger Bestandteil des Atomkerns. Es ist so klein, dass auf einem Klecks Druckerschwärze, etwa einem i-Punkt, rund 2.000.000.000.000.000.000.000.000.000.000.000.000 von ihnen Platz haben.

UND SO ENTSTEHT UNSER UNIVERSUM – AUS DEM NICHTS

Wann genau dieser Augenblick eintrat, ist seit Langem umstritten – ob vor zehn Milliarden Jahren oder doppelt so vielen oder irgendwann dazwischen. So allmählich scheint man sich auf etwa 13,7 Milliarden Jahre zu einigen, aber solche Zeiträume zu messen ist, wie wir noch sehen werden, unglaublich schwierig. Eigentlich kann man nur so viel sagen: An irgendeinem unbestimmten Punkt in ferner Vergangenheit kam aus unbekannten Gründen der Augenblick, der in der Wissenschaft als »Zeit gleich Null« **(t = 0)** bezeichnet wird.

Vor dem Urknall existierte Zeit nicht. Doch einen Sekundenbruchteil später ist **t (Zeit)** bereits etwas. Mal sehen, was.

Wir haben ein Universum. Es ist erstaunlich und wunderschön. Und es entstand etwa in der Zeit, die man braucht, um sich ein Brot zu schmieren.

DER URKNALL

Die Theorie vom Urknall betrifft nicht den Urknall selbst, sondern das, was danach geschah. Gleich danach. Nach vielem Herumrechnen glauben Wissenschaftler, bis auf eine zehn Millionstel Billionstel Billionstel Billionstel Sekunde nach dem Augenblick der Schöpfung zurückblicken zu können. Damals war das Universum noch so klein, dass man es nur unter dem Mikroskop hätte sehen können.

HIER KOMMT DIE SCHWERKRAFT

Ein Zehnmillionstel einer Billionstel Billionstel Billionstel Sekunde nach dem Urknall entstand die Schwerkraft.

ELEKTRO-MAGNETISMUS

Kernkräfte, das Material der Physik, kommen hinzu.

ELEMEN-TARTEILCHEN

Plötzlich sind da Schwärme von Protonen, Elektronen, Neutronen und vieles andere.

HIER KOMMT DIE SONNE

Im Weltraum sammelte sich ein riesiger Gas- und Staubwirbel mit rund 25 Milliarden Kilometer Durchmesser. 99,9 Prozent davon bilden die Sonne.

Obwohl alle vom Urknall reden, dürfen wir uns darunter keine normale Explosion vorstellen. Vielmehr war es eine plötzliche Ausdehnung von gigantischen Ausmaßen.

HIER IST DIE ERDE

Zwei winzig kleine Körnchen des restlichen Materials kommen einander so nahe, dass sie durch elektrostatische Kräfte gebunden werden. Das ist der Moment der Geburt unseres Planeten.

KLEINPLANETEN

Überall im Sonnensystem geschah das Gleiche: Staubkörner stießen zusammen und bildeten immer größere Klumpen. Diese wurden schließlich so groß, dass man sie als Planetenvorläufer bezeichnen kann. Immer wieder kollidierten sie, zerbrachen und fanden in neuen Kombinationen zusammen. Und jedes Mal gab es einen Sieger. Einige davon wurden so groß, dass sie in ihrer jeweiligen Umlaufbahn zum beherrschenden Element wurden. Und das erstaunlich schnell: In wenigen zigtausend Jahren wuchsen ein paar Staubkörnchen zu einem Kleinplaneten heran.